改訂版！

1年目から成功する不動産投資 村田式ロケット戦略のすべて

『不動産投資で経済的自由を手にする会』代表

村田幸紀

Koki Murata

はじめに

〝ワンベスター〟となり、経済的自由を手にした仲間たち

私が主催するプロの不動産投資家約250名の集まり『不動産投資で経済的自由を手にする会』の会員のなかに、また、〝ワンベスター（Onevestar）〟が生まれました。

〝ワンベスター〟とは、『不動産投資で経済的自由を手にする会』で編み出した造語で、取得物件の満室時の家賃収入が、年間1億円を超えた大家のことを指します。

1億円の「ワン（One）」と投資家の「インベスター（Investor）」、そして、目標や憧れとしての「スター（Star）」が語源です。

2008年から2020年8月現在、これで、59名となりました。

現在会員は約250名なので、実に5名に1名以上の確率で〝ワンベスター〟になっている計算になります。

ちなみに２０１９年１年間では、８名の〝ワンベスター〟が誕生。毎年10名前後誕生していて、会員たちは、続々と目標を達成しています。

参考までに〝ワンベスター〟の収支をご紹介します。１億円の家賃収入のなかには、金融機関への返済はもちろん管理修繕費や固定資産税・都市計画税などの経費も入っていますが、『不動産投資で経済的自由を手にする会』の会員の場合、返済比率は**平均39％で、経費などは、平均で20％、入居率は90％以上です。つまり、３０００万円程度が、手元に残ることになります。**

『不動産投資で経済的自由を手にする会』では、私が着想した投資法『**村田式ロケット戦略**』を用い、成功する投資物件のキーワードを以下のように絞っています。

「地方」、「RC（鉄筋コンクリート）造」、「住居系」、「中古」、「１棟物」です。

このキーワードに異論のある方も少なくないと思います。

しかし、「地方」、「RC（鉄筋コンクリート）造」、「住居系」、「中古」、「１棟物」という『村田式ロケット戦略』のキーワードに沿った不動産投資を経て、年間家賃収入1億円を突破した投資家が59名誕生していることも、間違いありません。

そして、〝ワンベスター〟予備軍も数十名います。

固定された視点を一度リセットして、ぜひいろいろな観点から不動産投資を見てみることをおすすめします。

この本が、ご自身の可能性が花開くきっかけになれば、幸いです。

「表面利回り」と「実質利回り」

さて、『村田式ロケット戦略』が重視しているのは、「利回り」よりも「キャッシュフロー」（手元に残る現金）です。

どれだけの現金が不動産によって回収できるという点を重視するのは、不動産によるキャッシュフローを原資にして、次の投資に利用するからです。ご存じのとおり、「利回り」とは、満室時の年間家賃収入を物件の購入価格でわったものです。

インターネットの物件紹介サイトなどでは、必ず「利回り○％」と記されますが、「利回り」には大きく分けて、「表面利回り」と「実質利回り」があり、「利回り」として表記されている数字のほとんどは、「表面利回り」です。
「表面利回り」と「実質利回り」は、それぞれ次の計算式で導き出されます。

表面利回り＝満室時の年間家賃収入÷物件価格×１００［％］

※一般的な「利回り」と同じ。

実質利回り＝（満室時の家賃収入－返済額、税金などを含めた経費）÷物件価格×１００［％］

不動産投資では、つねに「表面利回り」だけでなく「実質利回り」を求める必要もありますが、私がもっともテーマにしたいのは、**満室経営ができるかどうか**なのです。

多くの不動産投資家は、「利回り」の高い物件を求めますが、「利回り」に示された満室時の家賃収入は、見かけのもの。いわば、仮定です。「利回り」の高い物件の満室経営は、簡単ではないことが多く、経験や努力が必要となります。

逆に、利回りは低くても、継続的な満室経営ができれば、実利をともなったキャッシュフローが、確実に得られることとなります。このような物件は初心者でも経営が、比較的容易《たやす》いのです。

『不動産投資で経済的自由を手にする会』では、投資家のステージによって使い分けを指導していますが、いずれにせよ、満室経営をし、潤沢なキャッシュフローを手にしたうえで、物件を次々と購入し、資産を増やすことを目的としています。

〝ワンベスター〟は、『村田式ロケット戦略』を操り、潤沢なキャッシュフローを手に入れてそれを再投資し、1億円の家賃収入を手にしているのです。

所有物件は1棟だけではありません。2棟、3棟、4棟と自分個人の持ち物とし、また、資産管理法人を活用して、アパートやマンションを増やし、経営しています。

本業以外の家賃収入によって〝経済的自由〟を得ることができた投資家たちは、私の知る限り、私が主催する『不動産投資で経済的自由を手にする会』以外でも、日に日に増えています。

昨今、不動産投資に関するネガティブな報道が少なくないなかで、それでも増えているのです。

2015年、私は初めての著書『最短で億を稼ぐ　村田式9ステップ中古マンション投資法』（主婦の友社）で、不動産投資による成功は、誰でも手にすることができると解きました。

成功するための手順を9ステップに分けて解説し、私が思う、不動産投資の全体像を伝えたのです。

本書では、より突っ込んだ内容として、不動産投資の初心者でもわかるように、「地方リスク」「〝RC（鉄筋コンクリート）造〟物件の選び方」「融資戦略」に重点を置いて、「1棟目を購入する方法」をくわしく書き上げました。

●不動産投資って大丈夫なのか？
●もう遅いのでは？
●自分にできるのだろうか？

と感じている方はもちろん、不動産投資をしたものの大きな利益が出ていないという方にも、本書を読んでいただきたいと思っています。

いわゆるプロの投資家を育てるのが、私が主宰する会の目的です。

では、皆、お金持ちなのかというと、そうではありません。

不動産投資をスタートした時点で、年収５００万円程度のサラリーマンだった方も少なくないのです。

まず1棟を手に入れて、その1棟をレバレッジ（てこ）にして、成功のステージを駆け上がってきた方も数多くいます。


２０１５年に〝ワンベスター〟になったAさんもそうです。

Aさんは、普通のサラリーマンでした。年収は４８０万円程度。勤めていた会社で自分の学歴や実力を考えたとき最高年収は８００万円程度ではないかと感じてしまい、不動産投資家になると心に決めたそうです。

２０１２年、実家の畑に〈一括借り上げ30年間家賃保証〉の新築アパートを手に入れます。利回り7％、物件価格1億円。年間の家賃収入は７００万円です。金利は2・3％で、年間の返済額がずっと変わらない元利均等返済で22年ローンでした。

Aさんは、30年間何もしなくても左うちわだと思ったのですが、1年を過ぎてみると、儲かった感触がありません。

それもそのはずです。家賃収入は一括借り上げで年間７００万円ですが、１年目の銀行返済は年間５８０万円、固定資産税と都市計画税が合計で年間約40万円計上されます。それだけで、実質のキャッシュフローは年間80万円にしかなりません。そのほか、設備に関する修理代金も必要でした。

しかも、これはトラブルの元にもなっていますが、30年間一括借り上げという物件は、30年間ずっと同じ家賃が保証されるわけではありません。

５年ごとに保証家賃の改訂があり、10年後には２割～３割ダウンもざらにあるのです。

10年後、たとえば家賃が2割ダウンだとすれば、年間家賃収入は５６０万円、銀行への返済額は５８０万円、固定資産税・都市計画税は約35万円、修繕費が家賃の１割と考えて56万円。

５６０万円から、これらの費用を引くと、年間１１１万円の持ち出しになるのです。

困ったAさんは、私が、一般の投資家向けに開催していたセミナーに出席し、私のカウンセリングを受けます。

私のアドバイスによって、即座にアパートを9500万円超で売却。数百万円の損が出ましたが、そのアパートは銀行からの次の融資のネックとなる「債務超過物件」でもあったので、いい損切り判断でした。その後『不動産投資で経済的自由を手にする会』に入会。会の指導によって、半年後には、地方銀行のフルローン融資で利回り10％の「RC（鉄筋コンクリート）造」物件のマンション1棟を購入。その後、わずか3年で物件を増やし、〝ワンベスター〟になったのです。

このように彼が、倍々ゲームのように資産を拡大できたのは、『不動産投資で経済的自由を手にする会』が重視している、「キャッシュフロー」と「銀行評価」（銀行から見た物件の評価）を戦略の中心に置いた結果です。

「銀行評価」の高い物件をフルローンで購入し、その物件から生まれた潤沢なキャッシュフローを原資にして、また次の物件購入に利用するからなのです。

1棟物不動産投資の歴史とコロナショック後の世界の予想

新型コロナウイルスによる緊急事態宣言が出されて以来、さまざまな不動産投資家のた

まごたちから、『不動産投資で経済的自由を手にする会』への問い合わせが、急増しました。

私が思うに、それぞれの問い合わせの背景にあるのは、〝今までの安定した収入が、実は安定しているわけではなかった〟ことへの気づきではないでしょうか。

ある人は家族のために、ある人は従業員のために、「もうひとつの収入の柱をつくりたい」と願って、当会の門を叩いてこられるのです。

コロナ自粛でリアルな講演会ができなくなったため、入会希望者に向けた私の講演をZOOM（WEB会議ツール）で開催したのですが、以前にも増して大盛況となり、コロナショック後も、不動産投資への関心が非常に高くなっていることを実感しました。

これは、会の立ち上げ当時から変わらないのですが、私の講演に参加され、不動産投資家として動き出す決心をして入会された新人の不動産投資家たちは、500万円程度の資金を元に、およそ1億円の「RC（鉄筋コンクリート）造」物件を1棟まるごと購入します。もちろん原資は、銀行からの借り入れです。

不動産自体の担保力をメインに、金融機関からの融資を受け、収益不動産を1棟まるご

日本銀行 金融システムリポート『金融機関の不動産業向け貸出』

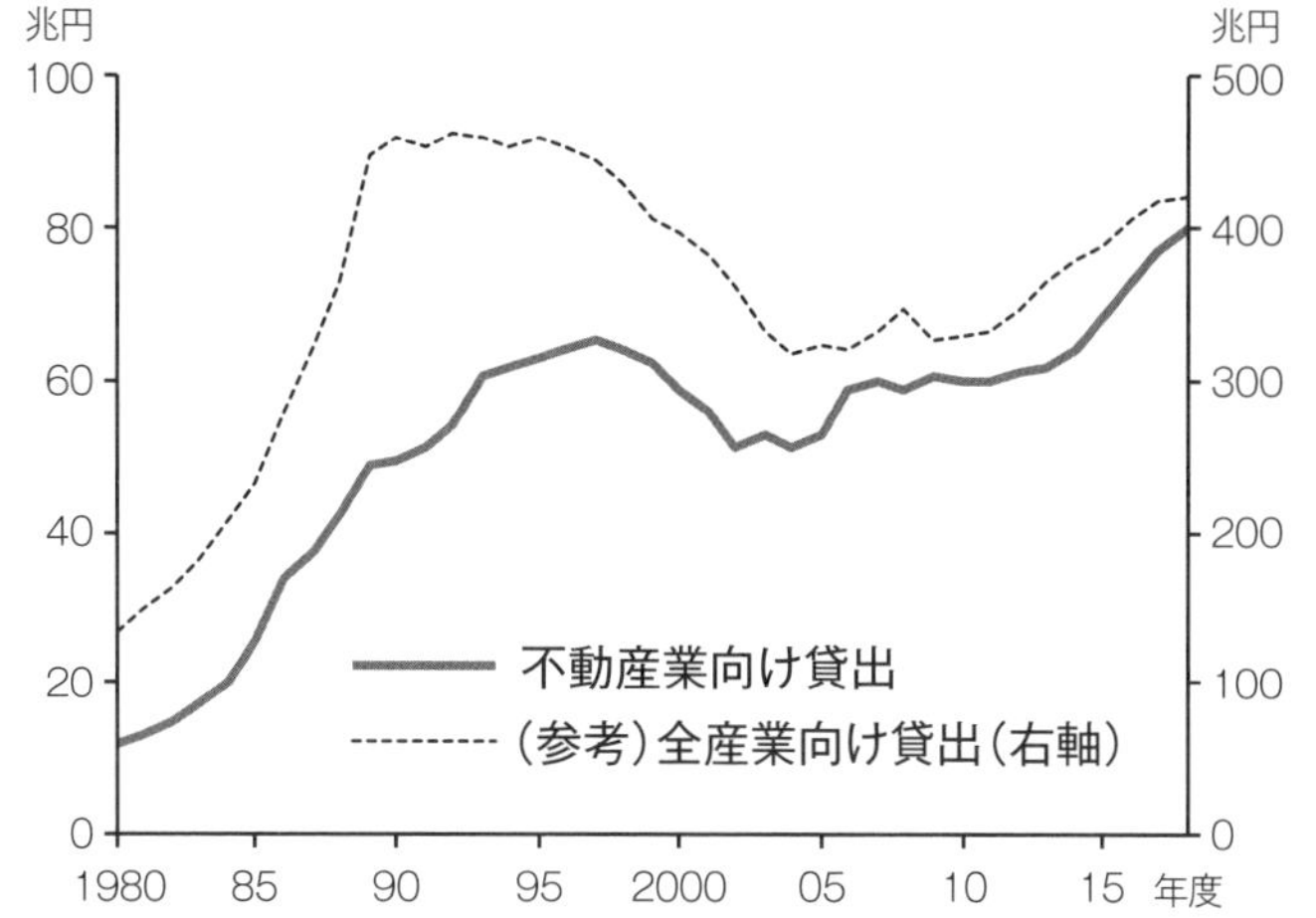

2020年4月に日本銀行から発表されたリポート。不動産業向け貸出は、近年、右肩上がりの伸びをみせているのがわかる（直近は、2019年3月末）。

と購入する流れは、２００５年ごろから都市銀行を中心に始まりました。そして翌年には、地方銀行、信用金庫に拡がり、不動産投資熱が一気に加速します（上グラフ参照）。

その後、２００８年のリーマンショックでの落ち込みを経験。アベノミクスで大きく景気が回復するも、２０１８年のスルガショックと２０１９年から始まったコロナショックで市場の熱量は再び落ち込んだはずですが、この数カ月で急上昇を見せている。それは、なぜなのでしょうか。

私が不動産投資に参入したのが２００４年。約15年間、金融機関とともに歩み続けたことになります。

その経験からいえるのは、たとえ市場規模が落ち込んだとしても、金融機関は一貫して、不動産投資への融資を続けているという事実です。

貸し出す際の頭金の割合や金利については、多少の上下はありますが、金融機関が不動産に対して融資を行う傾向は強く、古くは、不動産バブルの1986年~1991年あたりまでさかのぼります。

融資をし続ける理由は、金融機関が融資する際の「担保」という考え方によるものだと私は考えています。

金融機関は、有望な事業に必要な資金を融資し、金利で収益を得るのが、基本的な事業モデルです。

しかしながら、ここ15年ほどを見てみると、社会の変容がかなり激しく、ビクともしないと思われていた企業でさえ、あっという間に衰退、倒産してしまいます。金融機関が有望だと思った新規事業も同じように不安定です。となると、貸し出した資金が回収できなくなり、金利を得る以前に損害を被り、金融機関自体が倒産する危機をも招きます。実は、どの金融機関もひとつの融資から金利として得られる利益は、潤沢ではないのです。そのため、貸し倒れリスクを極端に嫌う性質があります。

貸し倒れリスクを回避したい金融機関にとって、不動産投資は絶好の融資先です。なぜならば、万一返済が滞ってしまったとしても、不動産そのものに資産価値があるため、競売などで売却すれば資金回収ができる可能性が高いからです。

私は、どれだけ時代が変わろうと、不動産に融資することを金融機関がやめることはないと考えます。

その証拠に、コロナショック以降も会員の交渉の過程の中で、金融機関の基本的な姿勢は、変わってはいません。十分な資産価値のある物件であれば融資をしてくれる。金融機関も融資をしなければ、いずれ自分も倒れる運命になるのですから。

ところが、人口の減少とアパートやマンションの数が見合っていないという現実も横たわります。

超低金利政策の中、特に地方銀行は、海外投資などの収益手段に乏しく、また、優良な貸し出し先もそれほど多くないため、不動産融資にシフトせざるを得ません。
結果、一部の地方には、相続税対策で作った空き室だらけのアパートやマンションが数多く存在、これが、不動産投資がネガティブに語られる一面です。

後述しますが、「地方人口は、減っている」「地方のアパートやマンションには、人が入らない」「地方のアパート・マンション経営などは、時代遅れだ」というイメージをプラス要因だと考えるのが、私たち『不動産投資で経済的自由を手にする会』です。

さらにいえば、アフターコロナの時代には、優良物件が格安で売りに出される可能性も高く、不動産投資家にとって、最良の条件が整っているともいえるのです。

私たちが狙っている物件は、「地方」、「RC（鉄筋コンクリート）造」、「住居系」、「1棟物」ですが、この狙いで会員たちは物件を増やし、プロの不動産投資家として日々成長しています。

そして、アフターコロナの時代こそ、当会の狙いは、より生きると思っています。

あなたも〝ワンベスター〟になれる

実は私が、不動産投資コンサルタントを始めた当初は、人助けが主な仕事でした。プロフィールにもあるとおり、私は、不動産投資家としてデビュー後、3年で、総資産4億9000万円を超す投資家になりました。

しかし、デビュー直後には、苦難が待っていたのです。

初めて投資したアパートから住人が退去し、残り7週間で返済が滞り、破綻という、とんでもない状況まで追い込まれた経験があります。

そんなドン底から復活した経験をブログなどで発信していた私の元には、同様の境遇にある多くのサラリーマン大家たちから、相談のメールが送られてくるようになりました。

さらに私は、さまざまな場所で講演を頼まれるようになり、『不動産投資で経済的自由を手にする会』で、多くの投資家のさまざまな悩みを解決していくようになりました。

今では、家賃収入1億円を超えた会員の中から、特に優秀な方をコンサルタントとして抜擢し、ともにコンサルティングを行っています。

その結果、日本中どこでも使える勝利の方程式『村田式ロケット戦略』を導き出すことに成功。家賃収入が1億円を超える会員が続出するようになったのです。

本書では、経済的に自由を手にするために、――つまり〝ワンベスター〟につながる「**1棟目を購入する方法**」をお伝えしたいと思います。**サラリーマンの副業として家賃収入を得るためだけに、目先の1棟をとりあえず購入するという方法ではありません。**1棟から、5棟、10棟と、どんどん拡大していただきたいのです。

そのためには、隠れたリスクを見抜き、対処する力も必須のスキルとなります。

不動産投資は、億単位の大きな額が動きます。成功した時のリターンが大きい分、失敗した時のダメージも同様に大きいので、リスクへの対応スキルは、必須なのです。

本書には、数々のリスクとリスクが生じたときの対処法も記しました。不動産投資を行ううえで、知識としてぜひ持っておいてください。

そのうえで、もっともっと効率的に資産を増やす方法があることを知っていただきたいと思っています。

1棟物を購入して、プラスアルファの家賃収入で満足するだけでなく、何棟も保有し、投資の規模の拡大を続ける。

それを踏まえた1棟目の購入、そして、1棟目の運営を提案したいのです。これこそが、『村田式ロケット戦略』の本質です。

先にも述べたとおり、これから投資を始めようと思う方はもちろん、不動産投資がうまくいって次のステップに進もうという方、また、いま現在、1棟持っていて、さらに増やしたいという方も『村田式ロケット戦略』を実践してください。

そして、あなたも私たちの仲間として、家賃収入年間1億円を突破する大家、〝ワンべスター〟になってください。

『不動産投資で経済的自由を手にする会』代表

村田幸紀

第1章 破綻寸前から、年間家賃収入1億円に！

第2章 「地方」にチャンスがある理由

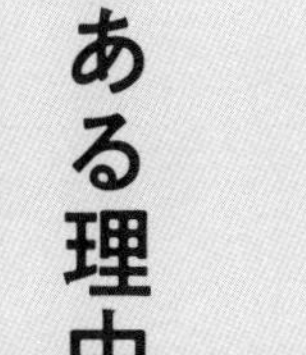

第3章 融資を得られる、「RC（鉄筋コンクリート）造」物件の選び方

第4章 「融資」はフルローンを狙え！

本書は、『1年目から成功する　不動産投資　村田式ロケット戦略のすべて』
（2016年刊）を改訂したものです。

装丁・本文デザイン・DTP／
ユニオンワークス

第1章

破綻寸前から、年間家賃収入1億円に！

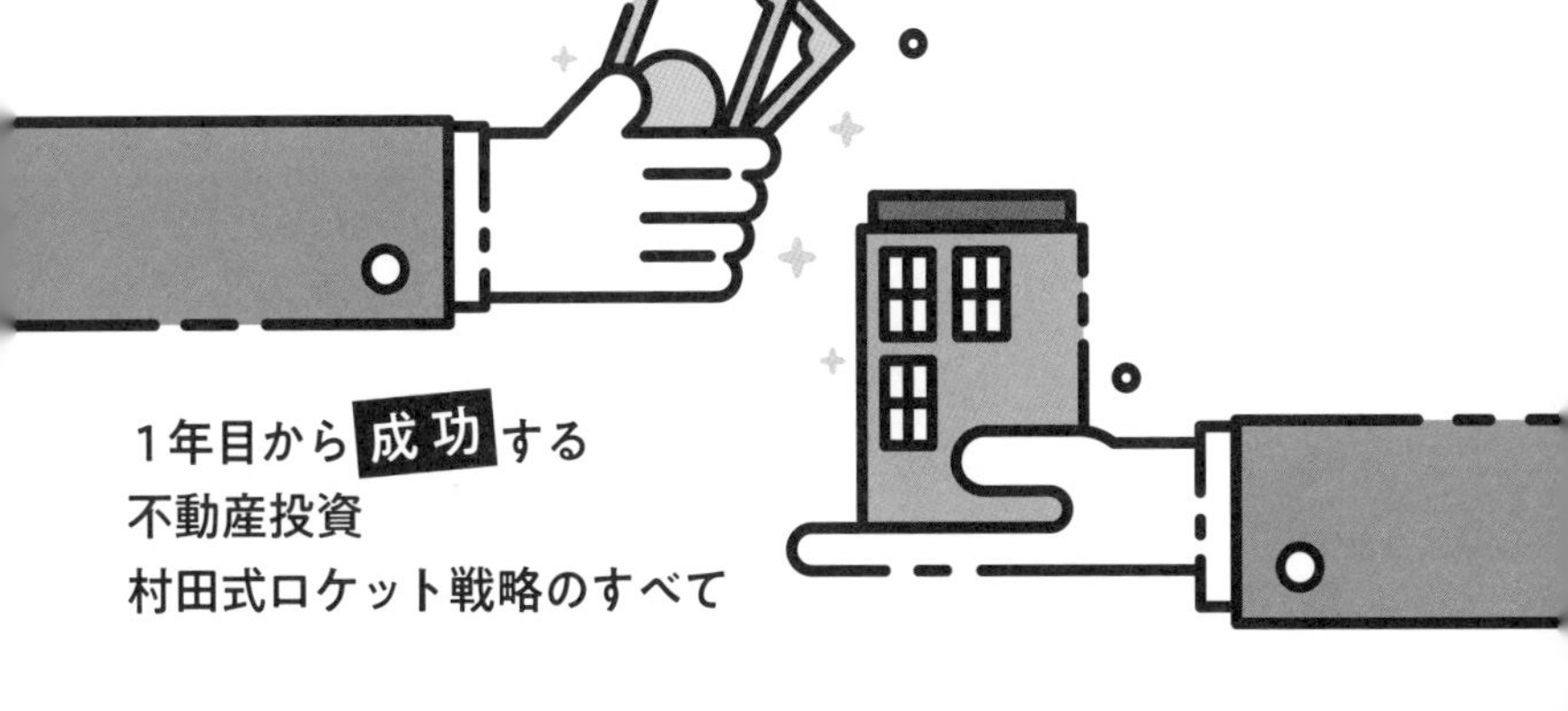

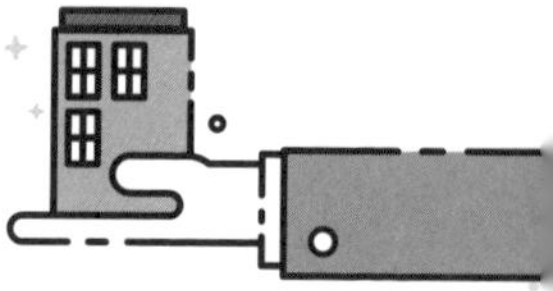

私は、どこにでもいる サラリーマンだった

私は、どこにでもいるサラリーマンでした。

大工だった父は厳格で、「勉強をしっかりして、よい会社に入りなさい」とつねにいわれ続けましたが、がんばったらがんばっただけ稼ぐことができ、自由に休みを取っている父の生活を見て育ったからでしょうか、本心は、サラリーマンではなく、なんらかの道で独立したいと思っていたのです。

投資家として不動産を選んだ理由は、もうひとつあります。

小学生のころ、父が仕事中に足場から足を踏み外し、2階の高さから落下。大けがを負ったのです。

大工は自営業ですから、収入がゼロになります。医者には、「復帰には、1年以上かかる」といわれました。

普通なら、破産してもおかしくないところですが、当時、父が自分で建てて所有していたアパートに救われたのです。

持っているだけで、価値がある——。不動産というものの絶対的な優位性に触れたのは、このときでした。

とはいえ子どものころは、不動産投資家になろうとは、夢にも思いませんでした。

小中学校では野球に熱中し、プロ野球選手を目指しますが、とうてい無理な話です。中学3年でプロ野球選手になる夢を断念すると、初めてサーキットで観た2輪のレースに衝撃を受け、バイクレーサーになることを決意。

レーサーになるならサーキットに近いほうがいいと、国際的にも有名なレース場がある鈴鹿に行こうと、国立鈴鹿工業高等専門学校に入学。アルバイトとレースに明け暮れ、卒業後は、愛知県のトヨタ系自動車部品メーカーに就職しました。

自動車部品メーカーに勤めながら、2輪のプロを目指してレース活動を継続。下部クラスで優勝も経験し、昇格もしたのですが、多額のレース費用がかかることと度重なるけがにより断念します。

「サラリーマンを続けながら、何か独立できることはないか？」

当時、プロレーサーになる夢をあきらめた、私の心を占めていた言葉でした。

そんなときに思い出したのが、小学生のころ、我が家のピンチがアパート経営によって助けられた経験です。

不動産を持っていれば、自分に何かあったときに、財産として家族の助けにもなる。

当時の年収は、550万円。妻一人、子ども3人。

そんなどこにでもいるサラリーマンでしたが、不動産投資家としてデビューすることを心に決めたのです。

しかし私は、最初の投資で、大きな失敗をします。すぐに2棟のオーナーになったのですが、苦難の連続だったのです。

不動産投資を自分の一生の仕事としてとらえ、勉強に勉強を重ねた私は、自らの投資の方針を以下の3点に決めました。

1. 利回りがすべて。利回り15％以上の物件を選択する。

2. 初期投資を軽くするために、中古のアパートを狙う。リフォームすれば、永遠に使用でき、かつまた永続的に家賃収入も入るのだから、築古は気にしない。

3. 手に入れた物件は資産である。一生手放さない覚悟で投資する。

投資として購入を希望する物件は、５０００万円程度のアパートでした。利回りは15％目標ですから、計算上の家賃収入は年間７５０万円になります。

銀行の融資に関しては、正直、当たって砕けろというくらいの気持ちでした。その方針を元に、地元である愛知県内を隅から隅まで回ったといっても過言ではありません。

ところが、不動産業者の方の返答は、「利回りは10％あれば、いいほうですよ」といった案配。なかには、「中古のアパートで利回り15％あるわけないですよ」と私に説教する業者さんまでいる始末。まったく話が進みません。

また、初めての不動産投資なので、これぞという物件を探し当てても、銀行に融資を依頼している間に他人が購入してしまうなど、まったくうまく行かなかったのです。

それでも私は、「きっと自分にぴったりの物件はある」と信じて、毎週土日と休日には、物件巡りを続けていました。

しかしながら、利回り15％を念頭に探していると、なかなか物件は見つかりません。が、探すこと半年……。ついに理想的な物件に巡り合えたのです。

名古屋市内。築14年の木造アパート。1Kで全16戸。一括借り上げで有名なメーカーA社の物件。2年ごと更新の家賃保証付きで、保証額は月々50万円（年間600万円）。売値は4700万円だったのですが、交渉の末4000万円で合意。利回りはジャスト15％。すでに満室でした。

実際の賃料明細（左ページ参照）を見ると、満室の賃料は66万9000円、平均の家賃は約4万1800円で、保証額の50万より高い。銀行の融資審査は家賃保証が決め手で、楽々通過したのです。

私は、待った甲斐があったと思いました。まさに、ラッキーな案件です。

家賃保証がついて、売値を700万円安くすることができ、利回りを15％にしたことも報われた気がしました。

借入金は3500万円。金利3％で、返済額は年間約360万円（月額30万円）ですが、

賃料明細

満室賃料 66 万 9000 円／月 ＞ 家賃保証額：50 万円／月

NO	状況	号室	更新	利用料	家賃	管理費	水道	備品	棚	面積	間取
01	契約	101	17/01	48,400	43,900	4,500	0		有	15.40	1K
02	予約	102	15/10	47,400	[illegible]	[illegible]	[illegible]	[illegible]	[illegible]	[illegible]	[illegible]
03	予約	103	16/10	47,400	[illegible]	[illegible]	[illegible]	[illegible]	[illegible]	[illegible]	[illegible]
04	予約	104	16/10	47,400	[illegible]	[illegible]	[illegible]	[illegible]	[illegible]	[illegible]	[illegible]
05	予約	105	16/10	47,400	42,700	4,500	0		有	[illegible]	1K
06	契約	106	16/10	46,400	41,700	4,500	[illegible]	[illegible]	[illegible]	[illegible]	1K
07	予約	107	16/10	47,400	42,700	4,500	[illegible]	[illegible]	[illegible]	[illegible]	1K
08	契約	201	17/01	51,400	47,000	4,500	[illegible]	[illegible]	[illegible]	[illegible]	1K
09	解約	202	17/02	51,400	47,000	4,500	[illegible]	[illegible]	[illegible]	[illegible]	1K
10	解約予	203	17/02	47,400	42,500	4,500	0		有	15.44	1K
11	契約	204	17/01	47,400	42,500	4,500	0		有	15.40	1K
12	契約	205	17/01	47,400	42,500	4,500	0		有	15.40	1K

満室時の平均賃料=4万1800円／月
家賃保証÷戸数=3万1250円／月
(50万円÷16)

ずいぶん
余裕があるぞ！
→ OK

家賃収入すべてを返済に回せば、金利、税金、修繕費用などの経費を加えても、7〜8年で返済が終了する計算が成り立ちます。また、全額返済した後は、毎年600万円超の家賃収入を生む物件が、自分のものになるのです。

建物は、修繕すれば永遠に使えると思っていましたから、手放さない限り、年600万円が保証されると考えたのでした。

この投資で自信を持った私は、1棟目を購入した1カ月後、2棟目の軽量鉄骨造のアパートを3000万円で購入。

両方の物件に頭金が必要で、この時点で貯金はほぼ底をついたのでした。

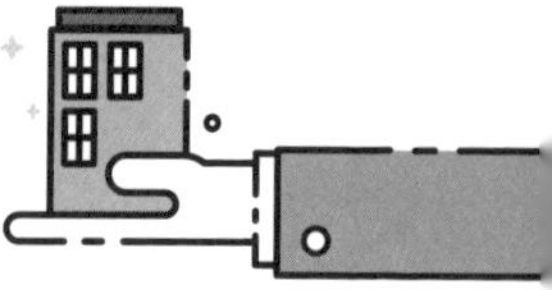

1棟目――、1カ月で始まった修繕地獄

私は、この調子でいけば数年後にはサラリーマンをリタイアできる日がくると思い、わくわくしていました。

ところが、先の1棟目が地獄への入り口でした。

購入して1カ月目から、修繕依頼が頻発したのです。

実は私は、満室を理由に、A社から各部屋の内覧はできないといわれていました。ですから、修繕の依頼も受け入れるしかありませんでした。

このアパートは、家賃保証付きなので、修繕費用の支払いはA社へとなり、家賃から、天引きされます。

最初はエアコン3台の取り替えで、26万円の出費でした。

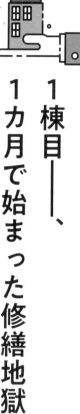

１棟目、購入後８カ月間の修繕明細

家賃から天引き

		工事内容	修繕費	累計
2004年	8月	物件購入		
	9月	エアコン交換	26万円	26万円
	10月	内装リフォーム	31万円	57万円
	10月	エアコン交換	52万円	109万円
2005年	2月	外装塗装	260万円	369万円
	3月	内装リフォーム	29万円	398万円
	4月	内装リフォーム	15万円	**413万円**

A社に12カ月ローンで借り入れて分割払い

8カ月で修繕費用の総額、413万円！

次は、３部屋退去したので、リフォーム代金31万円。

さらに、エアコンの故障が続くので、６台取り替えで52万円。

そして今度は、外装の塗装替えの依頼で、２６０万円。早くしないと建物が腐食する可能性があり、新規入居者の契約も取りにくいというので、泣く泣く承諾しました。

この２６０万円は、貯金がなく支払えず、A社への12カ月間の分割となりました。

２００４年８月の物件購入から翌２００５年４月までの修繕のすべては、上記の表のとおりです。

２００５年2月の外装塗装２６０万円以後は、A社へのローンが生じたのです。

経費を引いて、年間２００万円程度のキャッシュフローという考えは、吹っ飛びました。しかし、築14年です。最初は修繕費用がかかるものと考えて、自分を納得させていたのです。なにしろ、「一生手放さない」と決めていましたから、修繕によって翌年からは、永久に年間６００万円が手に入ると思っていたのです。

まさにお人好しと思われるかもしれませんが、今思うと知識不足以外のなにものでもありませんでした。

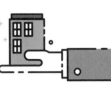

“家賃保障”打ち切りで開いた、破綻への扉

体験的に申し上げますが、不動産業界は、初心者や知識の疎い人間には、容赦がありません。それは、『不動産投資で経済的自由を手にする会』に駆け込んでくる投資家の卵たちの話を聞いても、同様に思います。

話を元に戻します。**アパートを購入して8カ月後の4月、A社から次のような申し入れがあったのです。**

「来年2月、契約満了の半年前に家賃保証契約を打ち切ることを提案します。2月期の打ち切りのほうが、新しい入居者も募集しやすいのではないかと思いまして。違約金として、家賃収入2カ月分の100万円をお支払いします。つきましては、2月に、現在の入居者は全員退出します」

そうなると全空き室からの再スタートになるわけですが、そのとき私は、それほど問題なく、新しい入居者で満室になると思っていました。満室時の賃料は、66万9000円だったので、最悪でも家賃保証の50万円を切ることはないと考えたのです。

「100万円入るなら、まあいい」とも思いました。

ところがです。9月から物件を紹介してくれる不動産仲介業社と管理会社を探したのですが、決まらない。9月末、やっと仲介業社と管理会社が決まったのですが、今度は2月からの入居者が、まったく決まらないのです。

現在の住人が退出し、新しい借り手の入居が始まるのは、まだかなり先のことだから仕方ないのかと思っていましたが、よくよく聞いてみると理由は別にありました。

なんと部屋の内見が、できなかったのです。

そこで募集にあたり、お客さまが来たら内見してもらえるよう、1部屋でもいいのでカギを貸して欲しいとA社に何度も依頼したのですが、「2月まではウチの管理物件なので、カギを渡すことはできません」とまったく取り合ってもらえませんでした。

あとでわかったのですが、実は室内のリフォームがなされておらず、傷みが、はげしかったため、見せることができなかったのです。

どうやらA社は、店子《たなこ》が入りづらくなる築15年前後のアパートを売却し、修繕費用で利

ざやを取り、しばらくすると家賃保証の額面を減額、もしくは、微々たる違約金で契約を解除するという商売をしていたようです。

私が、ようやく部屋の中を見ることができたのは、1月でした。

やっと内見用の部屋を確保したのですが、室内は、それはもうひどいものでした。住人が引っ越しした後のケアなど、これまでまったくなされてなかったようにも思えました。

入居者が決まらないと困るのは、新しい不動産業者も同じです。

部屋の状態を見て、「これでは紹介できない」と私のかわりにA社にクレームを入れてくれて、2月末からすべて修繕のやりなおしをさせました。

2月、16戸すべてが空き室になったアパートに、仲介業社と管理会社が最大のパワーをかけてくれましたが、入居者は現れません。4月になると、お客さまは激減します。

3月中に、1戸も決まらなければ、毎月の返済のために持ち出しが発生します。

返済額は月に30万円。全16戸、4万1000円での募集を3万5000円まで引き下げ、ペットも可にしました。

もう1棟のほうは、ほぼ満室で運営できていたので、その家賃収入から返済額を引くと、収益は9万円。

残り21万円が必要で、最低6戸の入居となりますが、まったく決まらないのです。

3月は1戸も決まらず、21万円が口座から消えました。

貯金は、わずか数10万円。残り7週間、5月の末には貯金が完全に底をつき、破綻です。

夜は眠れず、胃がきりきり痛みました。

ところが、4月第1週に奇跡が起こりました。

トヨタ系の派遣会社の1棟借り上げが決まったのです。破綻を脱することができた瞬間でした。

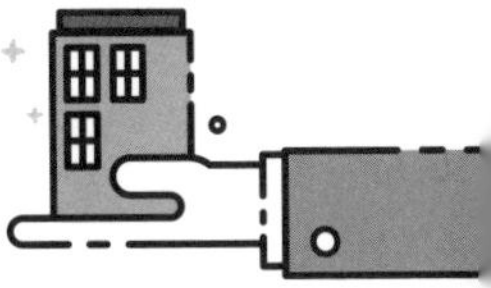

「RC（鉄筋コンクリート）造」物件のメリット

私はこの破綻寸前に追い込まれた状況を経て、さらなる猛勉強を始めました。

不動産投資に関するあらゆる書籍、セミナー、DVD、CDを手に入れ、学んだ結果、キャッシュフローを生むのは、ハイレバレッジ（自己資金の何倍もの資金を借りて収益を狙う方法）の「RC（鉄筋コンクリート）造」物件であると結論づけたのです。

もちろん、さまざまな投資法がありますが、私は、先にも述べたとおり、不動産投資は、利回りではなく、キャッシュフローだと決め込みました。

最初に購入した木造アパートは、前述したとおり利回りは超高利回りの15％でした。

しかし、築14年の木造ゆえの修繕地獄が待っていたのです。

エアコンの交換や内装リフォームの代金は、家賃保証額から天引きされましたが、外壁塗装260万円以降は、A社へのローン返済というかたちになりました。

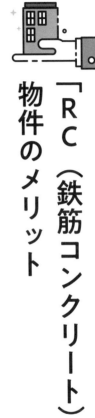

つまり、家賃収入は50万円あったのですが、A社への修繕費ローン25万円、借入返済30万円で、マイナス5万円になっていたのです。

そこで私が考えたのは、次の点です。

目の前にある物件をどのように見極めるのか。

素晴らしい物件か、それとも箸にも棒にもかからない物件なのか。

不動産投資で、箸にも棒にもかからない物件とは、先の私の失敗例のように、銀行への返済が物件から得られる家賃収入でまかなえなくなる、いわゆるキャッシュアウトを引き起こす物件です。

逆にいえば、キャッシュアウトさえしなかったら、不動産投資で破綻はしません。

また、冒頭でも述べましたが、私は、不動産投資は、「RC（鉄筋コンクリート）造」物件の「1棟物」を選ぶべきだと考えています。

理由は、3つあります。

ひとつは、手間の問題です。

1棟買うのも、区分所有マンションや戸建てを買うのも、手間は同じだからです。

2つ目は、大型修繕リスクです。

1棟物なら、自分の意思だけで、自由なタイミングと仕様で修繕を行うことができます。その点、区分所有マンションは、他の入居者の同意が必要なので、思うように修繕ができない恐れがあります。

3つ目は、資産価値です。

区分所有マンションだと、銀行の評価が著しく低く、債務超過の状態となってしまうケースがほとんどです。ところが1棟物なら、特にRC造なら資産超過になる可能性が十分あるのです。

私は、「RC（鉄筋コンクリート）造」物件へと、投資方針の舵を大きく切りました。

さらに私が「RC（鉄筋コンクリート）造」物件に切り替えたきっかけのひとつに、法定耐用年数と融資との兼ね合いがあります。

『村田式ロケット戦略』では、投資する物件の特性を、

「地方」、**「RC（鉄筋コンクリート）造」**、**「住居系」**、**「中古」**、**「1棟物」**

としていますが、そのなかで、「1棟物」の耐用年数に関して解説しておきましょう。

建物の構造は、大きく「木造」、「軽量鉄骨造」、「重量鉄骨造」、「RC（鉄筋コンクリート）造」の4種類に分かれています。

私が修繕地獄に陥り、返済に苦労したのは、木造のアパートでした。二度とその轍《てつ》を踏まぬと心に誓い、学んだ結果、キャッシュフローにフォーカスしたのですが、そのために必要だったのが、構造別の法定耐用年数（税法上の資産価値を有する年数）です。それを記します。

○「木造」
・法定耐用年数：22年

○「軽量鉄骨造」
・法定耐用年数：鉄骨の肉厚により、19年と27年

○「重量鉄骨造」
・法定耐用年数：34年

○「RC（鉄筋コンクリート）造」
・法定耐用年数：47年

法定耐用年数が長ければ長いほど、融資期間を長く取れます。

融資期間がキャッシュフローに与える影響はとても大きいといえます。

キャッシュフローを出すためには、収入を大きくすることより、まずは、銀行の返済額を低く押さえることが肝心だと考えたのです。

そのためには、融資期間を長く設定したほうがよいのですが、金融機関の融資期間の最長は30年。もしくは、物件の法定耐用年数までが基本です。

『村田式ロケット戦略』は、原則「中古」物件で展開しますが、中古物件の場合のもっとも市場に売りに出てくる物件の経過年数は、おおよそ以下のとおりです。


「木造」「軽量鉄骨造」の場合は築10年〜。

「重量鉄骨造」「RC（鉄筋コンクリート）造」の場合は築15年〜。

銀行の最大融資期間は、
法定耐久年数－経過年数。
もしくは**最大30年。**

「木造」＝法定耐用年数22年－経過年数10年＝12年
「軽量鉄骨造」＝法定耐用年数19年 or 27年－経過年数10年＝9年 or 17年
「重量鉄骨造」＝法定耐用年数34年－経過年数15年＝19年
「RC（鉄筋コンクリート）造」＝法定耐用年数47年－経過年数15年＝32年
金融機関の融資期間の最大は30年ですから、「RC（鉄筋コンクリート）造」物件は30年となります。

つまり、**「RC（鉄筋コンクリート）造」**物件は、法定耐用年数から経過年数を引いても、**最大の30年が確保できる**のです。

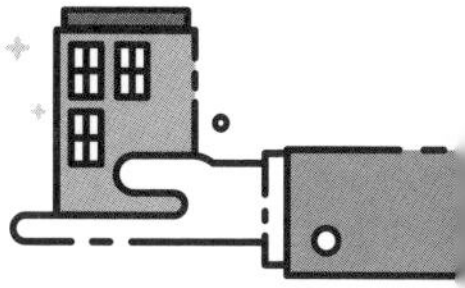

県内外の地銀すべてに融資依頼！「地銀の村田」と呼ばれる

私は、破綻の危機を乗り越えた２００６年、以上のような理由から、「ＲＣ（鉄筋コンクリート）造」物件に路線を変更しました。

しかし、そこからも実は苦難の連続でした。

まず、同年10月に問題の木造アパートを４０００万円で売却。同月、初めての「ＲＣ（鉄筋コンクリート）造」物件を１億３４００万円で購入します。

ところが、ＲＣに転向して、いきなりつまずいたのです。

築24年で、利回り10％。立地も悪くない、名古屋市内ファミリータイプの物件でした。

いわゆる「土地値物件」と呼ばれるもので、物件価格＝土地値なので、銀行の積算評価（土地＋建物の評価額）も購入価格を大幅に上回っていました。

土地の値段で購入している場合、売却するときも同じように価値が下がらないと考える人がいるため、いつでも、ほぼ購入時と同じ価格で売却が可能だと考えることができます。

そして、所有している間は、その土地の上に建っている物件から家賃収入が入ってくるので、持っていれば持っているだけ、得をするということになるのです。

購入してすぐは、大成功だと考えていました。しかし大きな失敗だったと気づくのにそう多くの時間は掛かりませんでした。

「RC（鉄筋コンクリート）造」の「1棟物」に転向し、最初に購入した物件は、今思えば「最初に購入してはいけない物件」で、なおかつ、「最初に融資をしてもらうべきではない銀行から融資を引いた」のが問題でした。

まず、実はあれほど重視しようと心に決めていたキャッシュフローがあまり出なかったのです。

計算してみると、1億3400万円もの大きな物件にもかかわらず、実質の手取りは年間50～100万円程度。退去が重なり少し修繕費がかさむと、すぐに持ち出しになるレベルです。

また、融資の借り入れ先の問題ですが、本来は「三井住友銀行（SMBC）」に申し込みすべきところを、地方銀行を頼ってしまったのです。

「三井住友銀行（ＳＭＢＣ）」は、不動産投資にもっとも積極的で借りやすいと聞いていたので、もっと大きな物件で使いたかったのです。そこで、後々のことを考えて温存したのですが、これが間違いでした。

正直にいいましょう。その後2棟目の融資を「三井住友銀行（ＳＭＢＣ）」に申し込みしたのですが、断られたのです。

持ち込んだ物件が悪かったのかと思い、何度も物件を変えて持ち込みしましたが、ことごとく断られてしまいます。というよりも、全く取り合ってもらえません。

どういうことかと食い下がり、聞き出したのが、「金利上昇耐性評価」の問題です。

「金利上昇耐性評価」とは、将来金利が上昇した場合、返済できるかを見る銀行の評価のこと。

簡単にいうと1棟目のキャッシュフローが出ていないことが原因で、「金利上昇耐性評価」が低いと判断され、私は、融資対象外となっていたのでした。

もちろん、土地値であることを必死でアピールしましたが、ダメでした。

この物件がネックとなり、もっとも期待していた「三井住友銀行（ＳＭＢＣ）」から、融資をしてもらえなくなったのは、本当に痛かった。

それ以降、目の前に素晴らしい物件があっても、地方銀行での融資がなかなか下りず、もたもたしている間に、「三井住友銀行（ＳＭＢＣ）」で融資をつけた他の不動産投資家に取られてしまうという苦い経験を何度も何度もしました。

素晴らしい物件さえ見つかれば、１棟目のミスが帳消しになるのでは？　とわずかな期待をしながら、ずっと「三井住友銀行（ＳＭＢＣ）」の担当者とはコンタクトを取っていたのですが、ついに、「もう村田さん、融資の申し込みを持ってこないでください」といわれてしまったのです。

そして、それまで懇意にしていた不動産業者さんからは、融資が付かなかったことで、物件情報が来なくなってしまいました。

どんどん目標が遠のいていく恐怖感と絶望感は、体験したものでないとわからないくらい、精神的にキツイものがあります。

１棟だけで満足しているのであれば、それでよかったのでしょう。

しかし、『村田式ロケット戦略』の方法論は、「1棟物」を購入し続けて、規模を拡大するというものです。

非常に遠回りした私の苦い経験からいうと、ある程度の規模まで拡大しようとするならば「投資戦略が命」です。

高額な金額で動く不動産投資は、後戻りができないからです。

このときに学んだことは、キャッシュフローの大切さと融資を受ける銀行の順番でした。後に投資戦略を構築するのにとても役に立ったのですが、当時は辛かった。

それでもあきらめず、融資先として地方銀行を焦点にし、融資を突き詰めることにしました。

それこそ、私が足を運べるすべての地銀の融資担当者を訪ねました。

私は、2006年10月に購入した「RC（鉄筋コンクリート）造」物件1棟目のおかげで、都市銀行から融資が受けられないというトラブルを経験しましたが、**翌2007年11月まで、5棟の物件の購入に成功したのです。**

総資産4億9千万円となりました。

その11カ月の間に行ったことは、以下の通りです。

電話した銀行数：49行
融資打診の電話数：119回
融資申し込み数：71回
断られた回数：66回
OKだった回数：5回
概要書の取り寄せ：783件
現地確認：24件
買い付け：17件
売買契約：8件
決済：5件

物件検索は1日に100件以上。絞り込んだ「買い付け」17件のうち9件はライバルに先を越され、「売買契約」にこぎつけたのは8件。うち3件は、融資がおりず敗退。融資NGの理由はいまだに不明。

このときのさまざまな失敗や経験が糧となり、「地銀の村田」と呼ばれるようになったのです。

私は、2020年現在、22棟584戸を所有しています。総資産は40億円（時価総額）。家賃収入は、年間4億円超。銀行への返済は年間1億6000万円未満で、返済比率は39％です。

2006年に、「RC（鉄筋コンクリート）造」物件に方向転換してから、本格的な不動産投資が始まったのですが、私自身、10数年でこれほどの資産が手に入るとは思ってもみませんでした。

しかしながら、私の不動産投資の方法論『村田式ロケット戦略』の基礎は、先に述べた11カ月間にあるといっても過言ではありません。

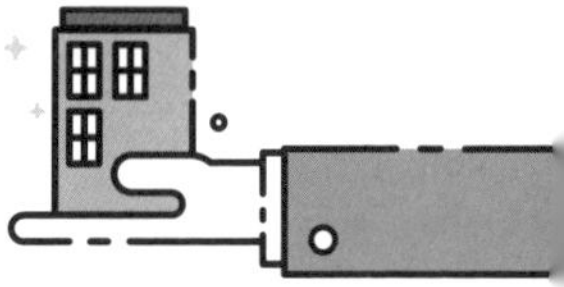

10年目にはキャッシュ1800万円！『村田式ロケット戦略』は複利の産物

『村田式ロケット戦略』の醍醐味は、「不動産による複利」にあるといえます。

「複利」とは、なにか。

――**「利息が利息を生んで、資産が倍増する」**。

このようなイメージで、間違いありません。

その複利の仕組みを不動産投資に使い、大きな効果を発揮するのが、『村田式ロケット戦略』なのです。

『不動産投資で経済的自由を手にする会』が推奨する『村田式ロケット戦略』の本質は、物件から得たキャッシュフローを再投資に回すことで、複利の効果を得ることです。

この考え方こそが、1棟目を手に入れるうえにおいて、とても重要です。

闇雲に1棟、もしくは1室を購入して満足するのではなく、先を見据えた投資をすると

「利息が利息を生んで、資産が倍増する」キャッシュフローシミュレーション

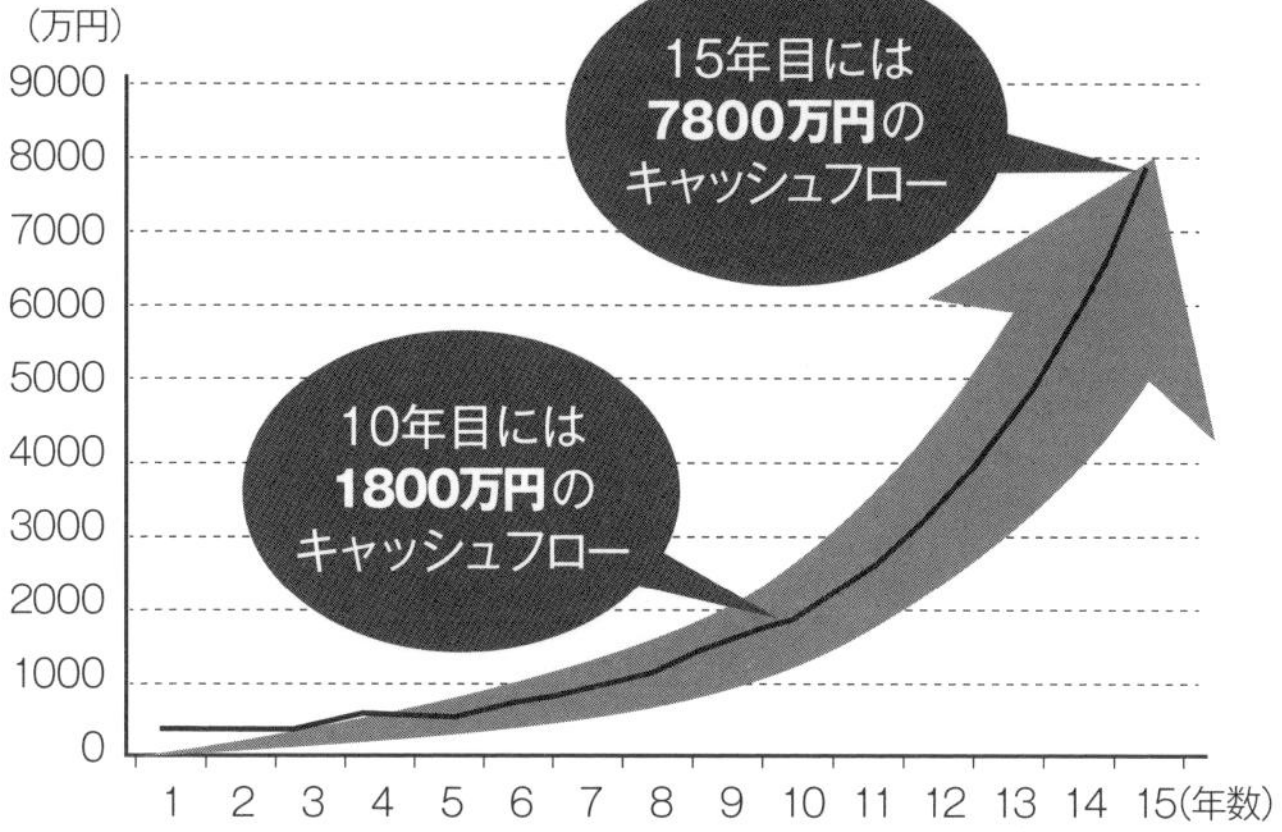

いうことです。

簡単なシミュレーションで説明しましょう。

上の図は、初年度に６００万円の自己資金を使用し、１億円の物件を購入。その物件から生み出される年間キャッシュフロー２００万円を再投資した場合のシミュレーションです。

６００万円は、１億円の物件を購入する際の諸経費で、物件価格の６％で計算しています。

この場合のキャッシュフローは、年間家賃収入から管理費や修繕費、固定資産税・都市計画税などの年間経費と年間借入返済

を引いたものです。

キャッシュフローは年間２００万円ですから、物件購入後３年で、最初に投下した資金６００万円は回復します。

そして、その６００万円をまた１億の物件購入に充てる。２棟目の購入です。同じ１億円の物件ですから、キャッシュフローは２００万円で変わらないとします。すると、４年目からは、毎年倍の４００万円のキャッシュフローが手に入るのです。

そして５年目も４００万円が手に入り、合計８００万円の自己資金となるので、また１億円の物件を１棟購入する。３棟目ですね。

すると６年目は、２００万円×３棟分＝６００万円のキャッシュフローを得られることとなる。

このように、自己資金が６００万円貯まる毎に１億円の物件を購入し続けると、どうなるでしょうか。

驚くなかれ、10年目には１８００万円、15年目には、なんと７８００万円ものキャッシュフローを得ることになるのです。

これはあくまでシミュレーションなので、単純に1億円の物件の購入をくり返した結果ですが、いかに複利の効果が大きいかは、わかっていただけたのではないでしょうか。

このように、複利の効果というのは、非常に大きいのですが、まず、複利の効果を得るには、生まれた利益を安全に再投資できるものでなければなりません。

その点で、不動産投資は一度よい物件を買ってしまえば、正しい管理を続ける限り利益が出続ける。複利効果を活用した利益創出に、非常に強い「再現性がある投資法」だといえます。

私は、木造アパートで破綻寸前になるという失敗をおかし、「RC（鉄筋コンクリート）造」物件でも、次の融資が受けられないという失敗をしました。

不動産投資は融資を利用して、自己資金の10倍、20倍の物件を買うことができる投資法です。

だからこそ、１棟目が重要なのです。

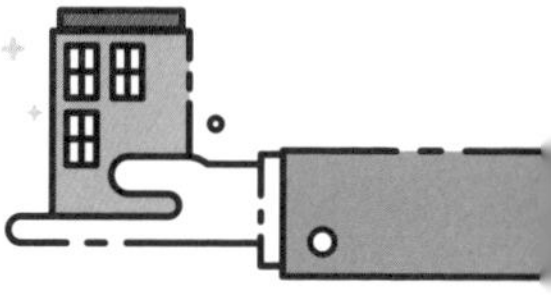

入居率51％を再生！荒れ気味の物件にチャンスはある

恐縮ですが、私の経歴をもう少し話します。

くり返しになりますが、『村田式ロケット戦略』の軸は、「地方」、「RC（鉄筋コンクリート）造」、「住居系」、「中古」、「1棟物」です。

なかでも、いわゆる荒れ気味な物件を臆することなく入手し、積極的にリフォームをすることで、満室経営に至ることを得意としています。

たとえば私の場合、2010年1月に購入した物件があります。場所は、三重県の地方都市です。もちろん「RC（鉄筋コンクリート）造」物件で、ファミリータイプの35戸。購入価格は、8000万円。1月の時点で入居率は51％でした。

購入時は、ひどいものでした。

共有部分には、多量のゴミが置かれていました。階段の踊り場には、冷蔵庫やベッド、家具が置いてあり、通ることもままなりません。

入居率は51％と記したとおり、たしかに住んでいる方はいらっしゃいますが、持ち主の再生しようとする意欲は、まったく感じられません。

驚いたのは、最上階の壁面に落書きがしてあったことです。

どのような手段で落書きをしたのか、まったくわかりませんでした。

私がこのマンションに関して、購入を決めた理由は、満室経営ができるという現地調査から得た確信です。

加えて銀行からの融資は修繕費用もまかなえるオーバーローンで1億円が出ました。これでリスクの解消はできると踏んだのです。

ゴミは捨て、階段のペンキは塗り直し、落書きは消しました。草取りをして砂利を敷くと、見違えるような景観になりました。さらにエントランスの集合郵便受けを新しいものに交換すると、生まれ変わりました。

たったこれだけで、印象がガラッと変わります。

そして、管理会社との連携を密にすることで、わずか半年後の6月には、入居率100％になりました。

家賃収入は、月２００万円。銀行返済は、70万円ですので、なんと手残りが毎月１３０万円もあるのです。

ちなみに、オーバーローンですから、この物件に使った自己資金はゼロです。自分の資金を１円も使わずに毎月１３０万円も得られる。

無から有を生むわけですから、不動産投資というものは、本当に凄いと思いました。しかも、満室になってしまえば、ほとんど何もすることがありません。

このようなマンションを、自らの目と耳と足を使って探し、融資を得て、手に入れることが重要なノウハウなのです。

「地方」、「ＲＣ（鉄筋コンクリート）造」、「住居系」、「中古」、「１棟物」という『村田式ロケット戦略』の軸について、「地方の人口が減少しているのに、この手法は、大丈夫だろうか」と疑問を持つ方もいらっしゃるでしょう。

次章では、最初の１棟を購入する際に、**なぜ「地方」にチャンスがあるのか**を解説しましょう。

第2章

「地方」にチャンスがある理由

アフターコロナでも、超低金利政策で、日本の不動産投資は、まだまだチャンスがある

『村田式ロケット戦略』のキーワードは、「地方」、「RC（鉄筋コンクリート）造」、「住居系」、「中古」、「1棟物」、だと説明しました。

しかしながら、この「地方」というキーワードに関して、否定派は、少なくないようです。

たとえば――、

「人口が減っていく地方にマンションを購入しても、入居者はいないだろう」

「新しいマンションには入居しても、中古は、リスクが高いのではないか」

「都心の物件なら資産の値上がり利益も狙えるかもしれないが、地方の物件は、資産価値が下がるだけではないか」

「将来、子どもへ相続することになるが、10年後、20年後、地方の土地・建物に資産価値

があるのだろうか」

感触として、関東圏の方に多いように思いますが、私は、そのような考え方を否定する気はありません。

なぜなら、さまざまな物件がありますので、それなりに正しいと思うからです。

私は、闇雲に「地方」をすすめているわけではありませんし、リスクがゼロといっているわけでもありません。

ただ1点、不動産投資という投資法において、潤沢なキャッシュフローを得たいと思われるなら、「地方」の物件が有利なのではないかという、提案をしているのです。

なぜなら、地方リスクなら、知識や経験、努力で十分カバーできるからです。

そもそもリスクをゼロにしようとすると、リターンも極めてゼロに近づきます。むしろ、自分が負えるリスクは積極的に取りにいった方が、安全で、リターンも大きくなるのではないでしょうか。

『村田式ロケット戦略』で「地方」に特化する理由をいくつか挙げてみます。

まずは、2020年8月時点で、不動産投資をとりまく状況に日銀による超低金利政策がある点です。

新聞や雑誌の報道はもちろん、マネー関連サイトや投資家のブログなどを見てみると、超低金利政策によって、各金融機関が利益を得る手段を失っているという言説を目にすることが普通になりました。

さてここで、新型コロナウイルスが、世界的な感染拡大をみせる以前と以後で、金融機関の不動産投資向けの融資がどのように推移しているかを少し述べます。

まずは、コロナ以前の世界です。

２０１９年10月に日本銀行が発表した『金融システムリポート』には、注目すべき項目がありました。要約します。

・不動産業向け貸出は、地域金融機関を中心に新規実行スタンスを慎重化させる動きが拡がっているが、（4月に引き続き）バブル期以来の大きさとなっている。

・人口や企業数減少の下で賃貸用物件投資向けの長期貸出が増加しているなど、バブル期とは異なるリスクが蓄積されている可能性がある。

ストレートに受け取ると、こういう意味になります。

「不動産市場はバブル期以来の大きさで、活性化しているが、バブル期とは異なるリスクが蓄積されている」

すでに同年4月の同リポートで、「バブル期並みの〝過熱〟」との指摘があったので、多くの不動産投資家たちが、リスクに対する警戒感を持っていたといえるでしょう。10月の時点でも引き続き「過熱」というアラートが出たのです。

これはもちろん、2020年の東京五輪開催やインバウンドによる需要もくろんだ「過熱」とも考えられますが、不動産投資市場は、リスクとしてコロナに直面します。東京五輪は延期、インバウンド需要も厳しくなりました。

新型コロナウイルスが広がりをみせる中、私は、この指標がどのように変化するのか注視していました。2020年4月、コロナ後の世界で発表された同リポートの要約です。

・不動産業向け貸出は、前年比3%程度と、引き続き全産業向け（同2%程度）を上回る伸びとなっており、残高は過去最高水準を更新している。

・もっとも2020年3月以降、幅広い経済活動が停滞するもとで、不動産賃貸市場の需給悪化や賃料収入減少等への懸念も窺われつつある。

私は、我が目を疑いました。新型コロナウイルス感染拡大を経ても、不動産融資は伸びていて、貸し付けの残高は過去最高を更新――。

「懸念」として「不動産賃貸市場の需要悪化」や「賃料収入減少」などがあげられていますが、経済活動からいえば、「需要の悪化」や「賃料収入減少」は、テナントなどの商業施設に当てはまるでしょう。

加えて、私も含めて会員のほとんどは、経済活動の自粛によって家賃収入激減という窮地に陥っていませんでした。逆にリモートワークによって、家賃が安く経済的にも楽な近隣地域への住み替えが始まり、入室率がアップするといった好循環もあったのです。

2016年の超低金利政策の後、アパート、マンションの建設ラッシュが起こり、その勢いは、2018年に起きたスルガ銀行による不正融資＝スルガショックというマイナス要因があったにもかかわらず、衰えませんでした。

そのため、「賃貸住宅の空き家率が、高くなっている」といわれます。

5年ごとに行われている総務省統計局の「住宅・土地統計調査」によると、2018年の統計で、総住宅数に占める空き家の割合（空き家率）は、13・6％と前回調査（2013年）より0・1ポイント増の過去最高を記録。空き家戸数は全国で、846万戸となり、前回に比べて26万戸（3・2％）も増加しています。

さらに、空き家の内訳を種類別に見ると、「賃貸用の住宅」が431万戸で全体の50・9％を占めている。いわば、慢性的な供給過剰といえます。

なぜ供給過剰なのに、このような建設ラッシュが続くのか。理由は、簡単です。どんなアパート、マンションでも新築時には、ほぼ間違いなく満室になるからです。

ところが、アパートやマンションの経営は、ケアを怠ると、すぐに空き室が増える。これは、大きなリスクです。安易に建てたのはいいけれど、競争力が落ちる10年後辺りから思ったような収入が得られずに、返済もままならなくなるのです。

相続税対策のためにと、アパートやマンションを建てるケースをご存じの方も少なくないと思いますが、持ち主は、賃貸経営に関しては素人です。

さらには、アパートやマンションの運営を任せたはずの管理会社から、素人ゆえに足下を見られることもあるでしょう。

そう、私が最初の木造アパートへの投資で経験したことが、全国でそのまま起こっているのです。

不動産投資家としては、物件が、宙ぶらりんのかたちで点在している地方は、チャンスが大きいと考えられます。空き室が増え、経営者が扱いに困っているアパートやマンションを購入する。それによって、売り手も買い手も幸せになり、双方ウインウインの関係になる。ここが、『不動産投資で経済的自由を手にする会』が目指すところです。

地方銀行や信用金庫などの地域に根ざした金融機関の貸し付けの金利が下がっていることも見逃せません。

いわゆる店頭金利（金融機関の独自の金利。基準金利とも呼ばれる）は、どの金融機関

も2・5%程度で大きな変化は特にありません。一時期の0・5%を切るような超低金利というのはあまり聞かなくなりましたが、住宅ローンなどの長期ローンにおける変動金利は過去最低水準とも報じられ、賃貸マンションやアパート向けの貸し出しについても1%を下回っている地方銀行や信用金庫も少なくありません。

実際に、『不動産投資で経済的自由を手にする会』の中では、今でも0・5%を切るという、恐ろしく低い金利で、融資を受ける会員もいます。

くり返しになりますが、不動産投資家は、金融機関にとって十分な担保がとれるという大きな強みを持っています。実体経済が世界的規模で縮小し、キャッシュフローが足りない状況では、メガバンクでさえ、貸出先の倒産という最大リスクを抱えています。

結果、担保価値のある不動産への融資は今後も活性化し、特に、地方の金融機関が、不動産融資に積極的になるのは自明だといえるでしょう。

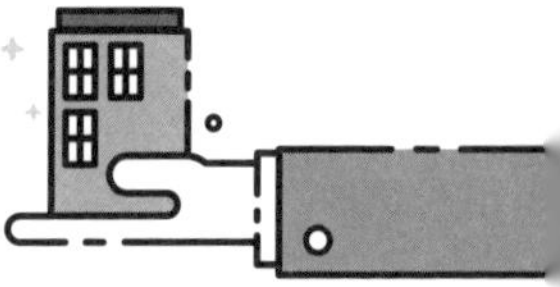

「地方」の人口減少リスクは、世帯数の実質増で解消できる！

さて、「地方」の物件に投資をするというと、〝不安要素〟——つまり、リスキーなポイントとして何度も質問を受けるのが、人口減少についてです。

先の空き家率にもつながる要素ですから、特に関東圏に住んでいる方からすると、地方に投資するなんてあり得ないとさえ思っているかもしれません。

不動産投資家が最初に見なければならないのは、人口ではなく、賃貸市場における需要と供給の関係です。

供給とは、もちろん住宅戸数ですが、『村田式ロケット戦略』では、供給過多を踏まえた上で、需要は人口ではなく、世帯数だと考えます。

71ページ上のグラフは、２０１９年の厚生労働省による『国民生活基礎調査の概況』のデータですが、世帯数（棒グラフ）が右肩上がりに増えていることがおわかりでしょうか。**集計によると日本の世帯総数は、5178万5000世帯。もちろん、人口減少によって平均世帯人数（線グラフ）は、右肩下がりに減少しています。**

世帯構造をみると、「単独世帯」が1490万7000世帯（全世帯の28・8％）でもっとも多く、次に「夫婦と未婚の子のみの世帯」が1471万8000世帯（同28・4％）、次いで「夫婦のみの世帯」が1263万9000世帯（同24・4％）。

これは、地方に置き換えても大きな違いはありません。

核家族化、就職や進学による独立、さらに、結婚しない人々の単独世帯などが、人口の減少と反比例して増え続けているのが、日本の現実なのです。

新型コロナウイルスが広がる以前、2019年に発表された、住民基本台帳による東京圏（一都三県）の総人口は、前年比0・41％増で、3661万人。

東京圏だけで、総人口の28・73％を占めただけでなく、三大都市圏である東京圏、名古屋圏、大阪圏のうち、東京圏のみが人口増加を果たしました。

東京五輪を前にして、一極集中がさらに高まるのではないかという懸念とともに、地方の不動産投資に関する不安も語られました。

しかしながら、新型コロナウイルスの感染拡大で、状況は一変したといえます。3月、4月は、進学や就職などで人の移動、つまり転入と転出の差が大きいのですが、総務省統計局『住民基本台帳人口移動報告』によると、2020年3月の転入超過数は、7万87人で、前年の6万8306人より、若干の増加という結果。ところが緊急事態宣言が出された4月になると、転入超過数は1万4497人となり、前年同月の2万7500人に比べて、ほぼ半減。5月は、1167人で、前年同月の7558人の約15%に陥ってしまったのです。

しかも、71ページ下のグラフのとおり、東京圏、名古屋圏、大阪圏という3大都市圏の転入超過数を見てみると東京圏だけが、大幅な変動を見せているのです。

世帯数と平均世帯人員の年次推移

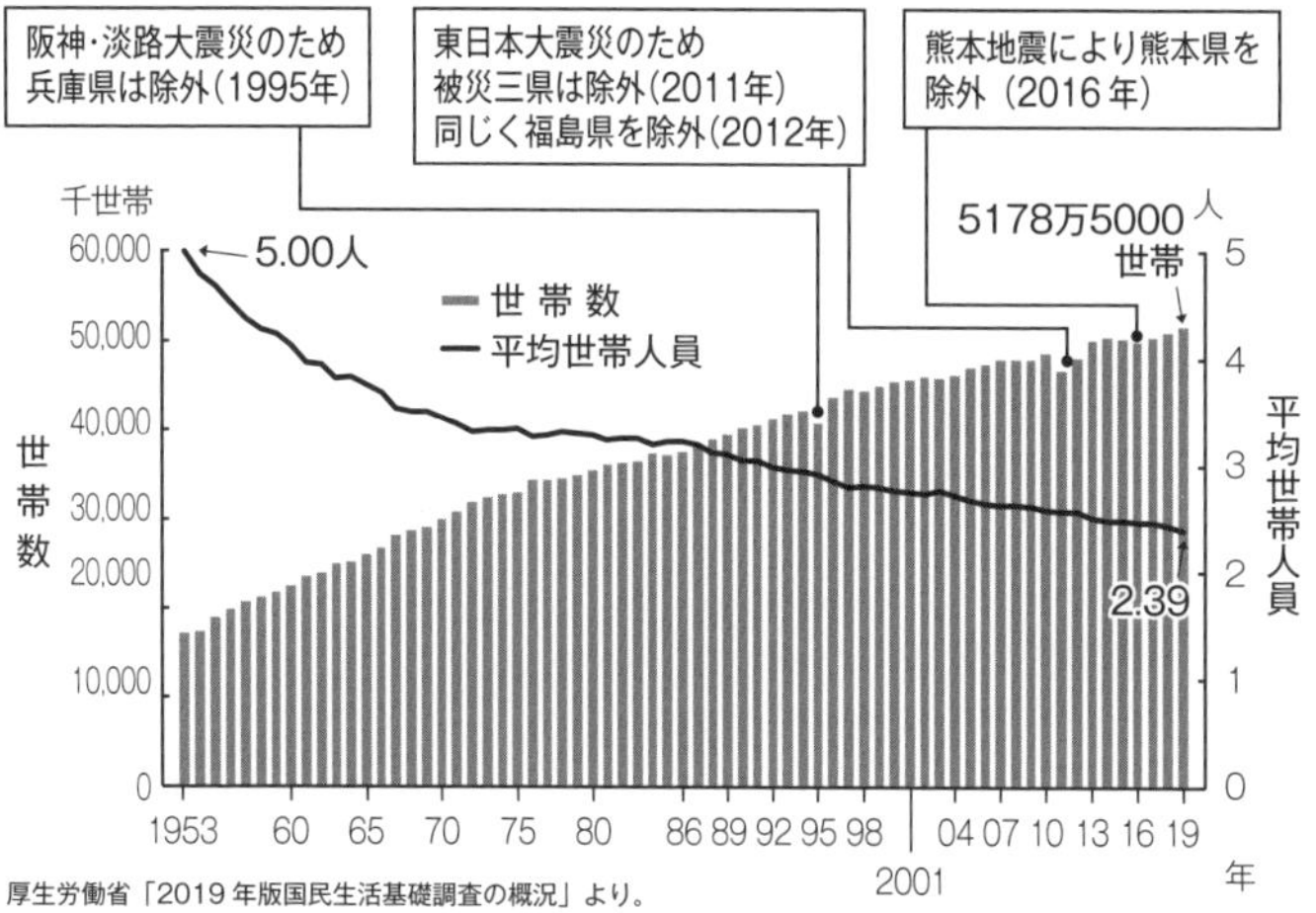

厚生労働省「2019 年版国民生活基礎調査の概況」より。

3大都市圏の転入超過数の対前年同月増減の推移（移動者）

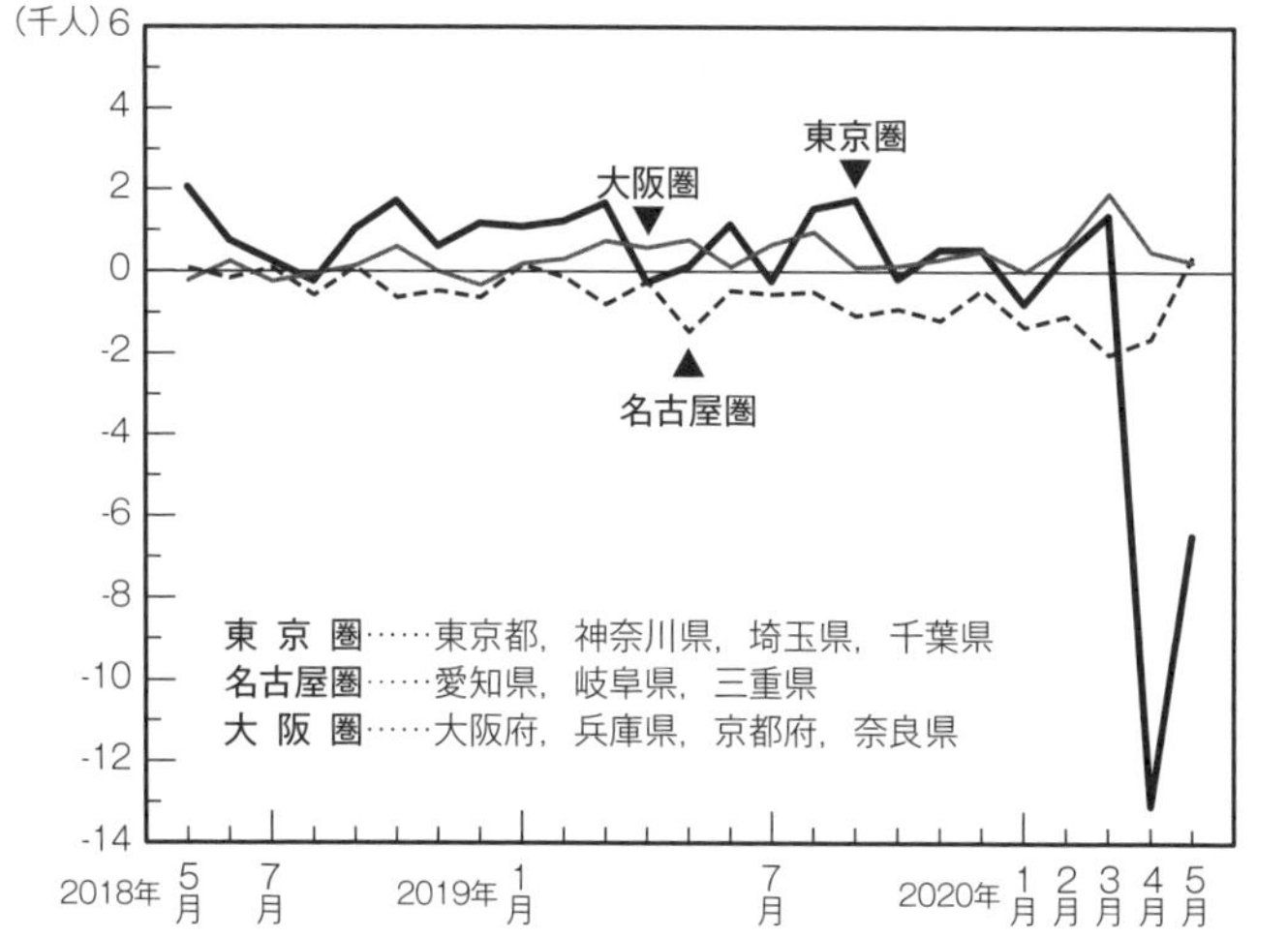

総務省統計局「2020 年５月の人口移動の概況」より。３大都市圏で見ると、2020 年４月に東京圏の転入超過数が大きく減少しているのがわかる。

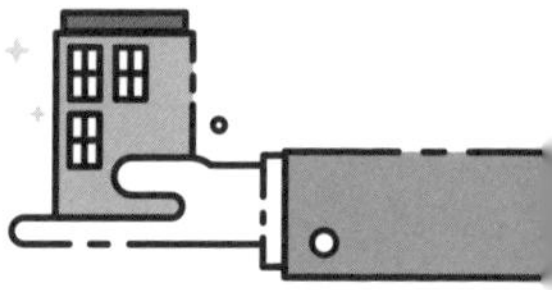

「地方」で勝てる!! 賃貸市場入れ替え率〝15%〟の構造

ここで、『村田式ロケット戦略』が考える、「地方」の賃貸市場の構造に関して、述べましょう。

私は、２０１４年、三重県津市にファミリータイプのマンションを購入したのですが、そのときのシミュレーションを元に解説をします。

まず、賃貸市場の構造です。

日本国内の住宅総数に占める空き家の割合は、総務省が発表した２０１８年10月時点の住宅・土地統計調査によると、13・６%と「過去最高」となりました。

賃貸用住宅に限っていえば、全国平均や都道府県別の空き室率を掲載しているインターネットサイトもありますが、それぞれの数字には、多少の違いがあります。

そこで『村田式ロケット戦略』では、賃貸物件の空き室率を全国一律に、20%とカウン

村田式「収益不動産空室リスク」の考え方

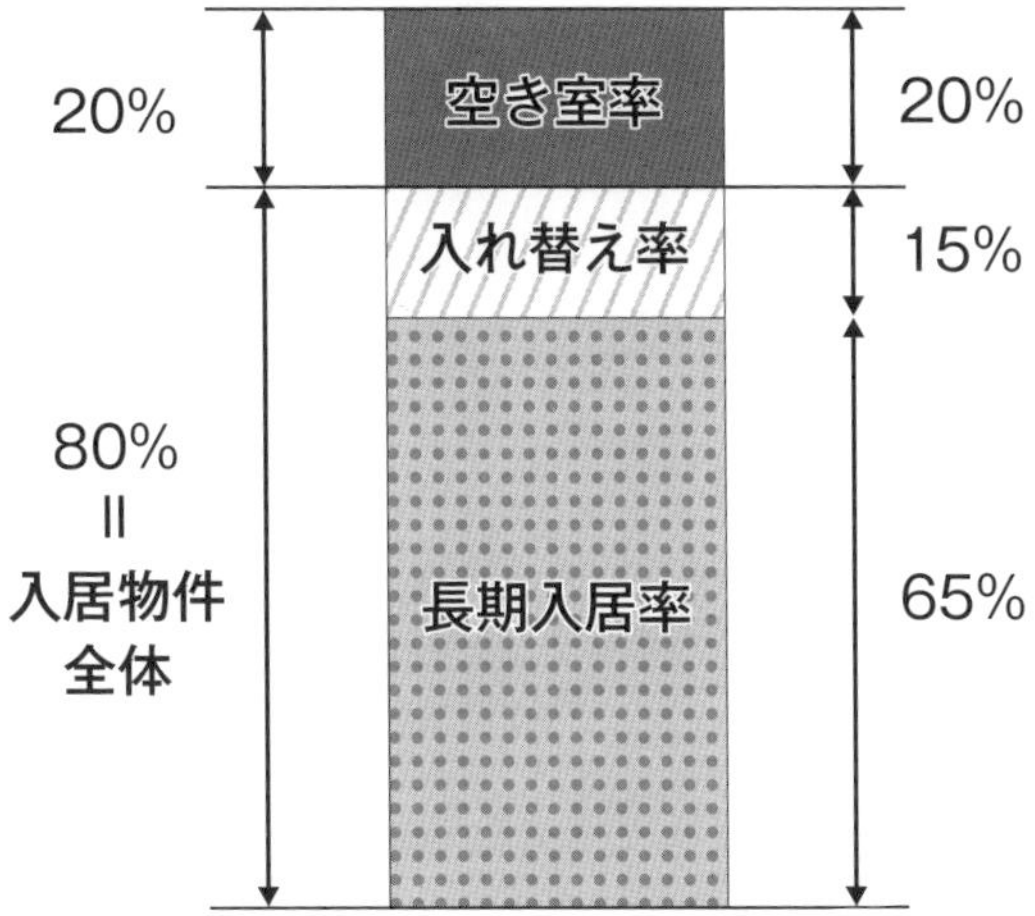

トすることにしました。逆にいえば、20%を超える地域の物件への投資は、十分に注意する必要があるということにもなります。

そして、入居している80%のうち、15%が、毎年入れ替わっていると考えます

この15%は、いわゆる退去率です。

ちなみに、退去するまでの年数は、単身世帯は4年、ファミリー世帯は6年といわれていますが、ここでは、入居者の15%が、毎年入れ替わると考えます。

たとえば、100戸のマンションがあったとすると、80戸が入居。そしてそのうちの15%に当たる12戸が1年間で入れ替わることになります。

持ち家住宅率　都道府県ランキング トップ20（2013年）

1	富山県	79.5%
2	秋田県	78.2%
3	山形県	76.7%
4	福井県	76.5%
5	新潟県	75.6%
6	和歌山県	74.8%
7	岐阜県	74.6%
8	奈良県	73.8%
9	三重県	73.2%
10	長野県	73.0%
11	滋賀県	72.8%
12	島根県	72.0%
13	徳島県	71.9%
14	青森県	71.4%
14	茨城県	71.4%
16	山梨県	71.1%
17	香川県	71.0%
18	石川県	70.9%
19	栃木県	70.6%
19	群馬県	70.6%

総務省「2013年住宅・土地統計調査速報集計」より

それをグラフにしたのが73ページの「村田式『収益不動産空室リスク』の考え方」です。入れ替わりが12戸の計算ですので、正確には16％ですが、概算なので、わかりやすいよう15％と表示しています。

このグラフでわかるとおり、考え方としては、賃貸用住宅戸数の20％が空き室になっていて、80％が入れ替わりながら、稼働しているということになります。

次に、上の表「持ち家住宅率　都道府県ランキングトップ20」を見てください。総務省の「2013年住宅・土地統計調査速報集計」が元になっていますが、私が物件を購入した当時、**三重県の持ち家住宅率は、約73％**であることがわかります。

津市の人口と世帯数は、ネット検索ですぐわかります。２０１３年度では、約28万人で世帯数は約12万世帯でした。

三重県全体の持ち家住宅率は約73％ですから、賃貸住宅に住む世帯は、あくまで概算で27％と考えられます。

12万世帯のうちの27％。つまり、**津市では、３万２４００世帯が、賃貸物件の利用世帯**という計算になるのです。

この3万2400世帯を73ページのグラフに当てはめます。

入れ替わり世帯は、３万２４００世帯×15％で、毎年約４９００戸となります。

そして、これはあくまでも計算上ですが、空き室を20％の世帯数で置き換えると、約6500戸分となります。

つまり借り手にとって、津市全体では、**年間約１万１４００戸の空き室物件**の選択肢があるという計算が成り立つのです。

ここからもうひとつ、計算尺を入れ込みます。

津市の空き室と借り手イメージ

■村田式「収益不動産空室リスク」の考え方

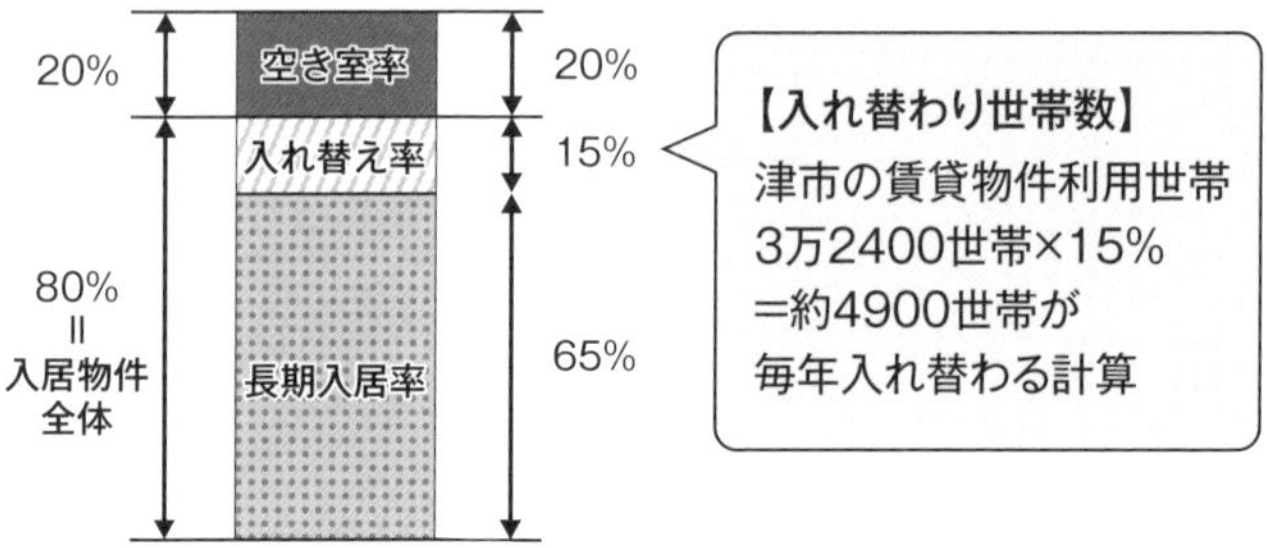

■津市全体の空き室物件数イメージ

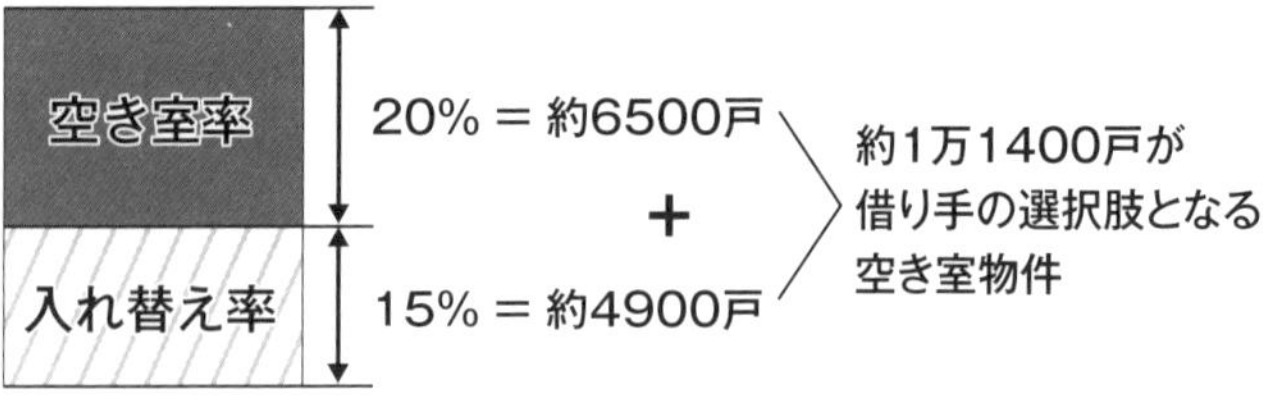

↓

「空き室1万1400戸中4900戸のニーズがある」と考える

↓

購入予定物件のエリアを考慮し、100分の1にする

↓

購入予定物件のエリア内114戸中49戸に借り手が存在する!
(65戸が空き室になる)

自分が所有している物件にこの需要と供給の数字を当てはめて考えてみたとしましょう。津市の中での物件所在エリアを考慮して私は、全体の数字を１００分の１にしました。エリアの空き室数は、１万１４００戸の１００分の１＝１１４戸。

１１４戸のうち、49戸に借り手が存在し、65戸が空き室になる計算です。１１４人が、49脚のイスを取り合う、壮大なイス取りゲームを想像していただくと、わかりやすいかもしれません。半分以上がイスに座れない状況です。結構厳しいと思う方もいるでしょうが、私は違うと考えます。

ここで、空き室の65戸はどんな物件なのかを考えてみましょう。選ばれなかった物件です。どんな部屋か、ちょっと考えただけでもわかります。**家賃が相場からかけ離れて高い、部屋のクリーニングが施されていない、エントランスの清掃が行き届いていないなど、そもそも入居希望者に案内すらされないような部屋が大半でしょう。**

ずっと空き室になっている部屋が相当数含まれていると予想できます。空き室は、リフォームもされず、かなり荒れているでしょう。

実は、オーナーが破綻しているなど、何らかの理由で、募集を停止しているケースも多数あります。

これらはそもそもイス取りゲームに参加すらしていないと考えるのが自然です。

このように入居募集に実質参加すらしていないような物件の場合、当然1棟につき、何戸も空き室が発生しています。場合によっては全戸空き室という物件もあるでしょう。

すると、**65人のイスを取れなかったプレーヤーのうち、そもそもイス取りゲームに参加していない人数を除外すると、実はライバルとなりえるのは10人もいない**かもしれません。

つまり、**114人で49脚のイスを取り合うゲームではなく、59人で49脚のイスを取り合うゲーム**になっている可能性も高いということです。

だとすれば、平均的な競争力の物件でも59人中30位程度には入れることになります。十分イスに座れるということです。

平均的な物件とは、家賃が適正、清掃が行き届いている、リフォームもきちんとされているなど、ごくごく当たり前のことを当たり前のように行っている物件です。

これは、全然難しいことではありません。

あなたが購入しようとする初めての1棟目は、アパートにしてもマンションにしてもたいてい10~20戸程度でしょう。

空き室は年間で、数戸しか発生しません。その空き室に対して、きちんとリフォームを施し、廊下などの共有スペースをクリーンにし、適正な家賃設定をすれば、入居者がいる49戸のなかに入ることができるだけでなく、満室も不可能ではないのです。

しかも、あなた自身がリフォームをするわけではなく、リフォーム会社や入居者を募集する管理会社など、不動産業界に関するインフラは、日本全国どこでも整っています。

管理会社との関係さえ良好に保つことさえできれば、入所者のうち15%だけが入れ替わっていくという自動的なシステムが構築されるでしょう。

基本は、以上のようなイス取りゲームですので、空き室率の大小はちょっとした努力やコストでカバーできます。

賃貸物件の供給が過多のエリアは、たしかに通常の運営より厳しいですし、コストも掛かります。その最たる例が、札幌市や福岡市です。賃貸物件が多すぎて、激戦区となっています。

先の計算でいうと、20％を大幅に超える空き室があります。

ただ激戦区といっても、ライバル物件をリサーチし、勝てるような条件を備えた部屋を用意する必要があるだけのこと。逆にいえば、不動産投資家として普通のことなのです。最初から、それがわかっていれば、見こして用意をしておくだけの話ですから、恐れることはありません。

一方、世帯数が多く、賃貸物件の供給が過小であれば、分母が小さくなり、そのエリアはチャンスが大きい地域といえます。

たとえば、**ここ数年、賃貸市場の良好さが伝えられているのは九州で、福岡市以外の福岡県全般や長崎市などは全般的に、盛況といわれています。**

世帯数を見ればわかるとおり、どんな地域でも、賃貸物件が必要であることは間違いありません。

15%の退去と入居をくり返す世帯の存在をしっかりと意識し、頭に入れておけば、「地方」で勝てるという図式が成り立つのです。

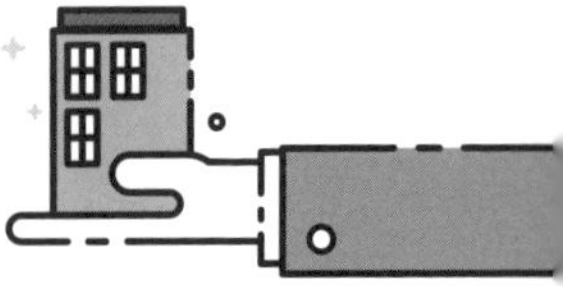

キャッシュフローを選ぶなら、やはり「地方」

「地方」の利点を、もうひとつ説明しましょう。

これまでお話ししたとおり、「地方」物件への投資に関して、最大のリスクとしてよく質問を受ける〝人口減少〟に関して、『村田式ロケット戦略』では、問題にしていないことが、おわかりになったと思います。

「地方」で決定的にいえるのは、地方の物件のほうが、都心の物件より格安に購入できるため、キャッシュフローを確保しやすいという点です。

『村田式ロケット戦略』では、「利回り」よりもキャッシュフローを重視します。しかし、潤沢なキャッシュフローを成り立たせるうえで、やはりある程度「利回り」が必要なのは、間違いありません。

「素晴らしい物件」は、人によって違います。

もし、あなたが資産や収入を守ることを目的とするならば「素晴らしい物件」とは値落ちせず、入居者が楽に見つかる物件になるでしょう。

いわゆる、「資産保全」の物件です。

『村田式ロケット戦略』の物件は、資産保全の物件ではありません。

高くても値落ちせず、入居者が楽に見つかる物件であれば、都心の物件を探した方がよいでしょう。しかしこれでは、返済額や経費との兼ね合いを考えたとき、大きなキャッシュフローは見込めません。

キャッシュフローを増やすためには、安く買うか、高い家賃収入を得るか、空き室率を少なくすることが重要です。

地方の物件は、都心よりも2～4割も安く、初期投資額が、ぜんぜん違います。

都内の投資用賃貸マンションの利回りは、表面利回りで4～6%。

地方の場合は、9～11%です。

そして、空き室率は、前述したとおり、普通に努力をするだけで、都心と同じくらいまで低くすることが可能です。

つまり、人口減少でマンションが乱立しているというイメージは、『村田式ロケット戦略』

にとって、プラスになっているのです。

もうひとつ。

『村田式ロケット戦略』では、「地方」の「中古」物件を購入します。

県や市町村ごとの賃貸物件の空き室率をチェックするには、不動産系のサイトで検索してみてください。都心の一等地を除くと、アパートやマンションは、地方に限らず都内でも、15~25%の空き室率だとわかります。

相続税対策のために建てたマンションが、新築プレミアムで最初は満室になったものの、次第に空き室になったまま放置している大家さんも増えている。

先述したとおり、地方の大家さんは、余った土地に、マンション建設会社のすすめによって建てただけというケースが少なくないのです。

つまり、アパート・マンション経営には、積極的ではありません。

すでに、お年を召しているケースもあり、管理会社との連携も細かくありません。

このようなゆるい大家さんが、ライバルなのです。

また、ありがたいことに、中古物件は売りに出される際に、居住者がそのまま住んでいるケースが少なくありません。新築物件のように、すべて空き室からスタートするようなリスクも避けられます。

電気代や管理費、エレベーターのメンテナンス代など、運営コストもすでに何年も物件を運営しているので、実費を聞き出すことが可能です。過去の修繕履歴も教えてもらえます。

中古物件のメリットとして、収入や経費を想像の数字ではなく、すべて実績から実費を把握することができるのです。

これらを元に収支シミュレーションができるのですから、非常に高い精度で、購入前に毎月のキャッシュフローを計算することも可能です。

これまで何度も述べていますが、中古物件の最大のメリットは、価格が安いという点にほかなりません。

加えて、日本の「中古」物件の評価額は、海外に比べると、異常に安いといわれているのも事実です。地方ではなおさらといえます。

買い手側として見ると、意外なほど安く売りに出されているケースが多いのです。

さらに交渉も可能です。3割も安く購入する交渉に成功したこともあります。売り主の売却理由は千差万別ですが、現状、売り急いでいる売り主も少なくありません。大きな値引き交渉が、可能である場合が多いのです。

物件の豊富さも魅力です。

インターネットの不動産売買のポータルサイトで検索をしてみてください。5万件以上の賃貸マンションが登録されているのがわかるでしょう。

『村田式ロケット戦略』では、「RC（鉄筋コンクリート）造」物件で、最低でも5000万円規模、理想は1億円以上の物件を推奨しています。

投資額が大きければ大きいほど、リターンも高額だからです。

5000万円以上の物件だとざっと2万件以上見つかるでしょう。

さらに実は、登録されていない物件も相当数あります。なぜなら、表に出さず、水面下で売却したいというニーズがあるからです。

マンションが売られている地元の地方銀行は、不動産投資家を探しています。健全な大家さん候補に融資したいと思っているのです。

健全な大家さん候補とは、サラリーマンはもちろん、自営の経営者なども含め安定した仕事をして信用を積み上げてきた人たちだといえるでしょう。

まず1棟を購入する。

その1棟は、資産保全ではなく、次の1棟を購入するための原資となる。

そのつもりで、まずは1棟の購入に踏み出してください。

ちなみに、一般的に不動産取引として扱われるのは、「土地のみ」、「建物のみ」、「土地付き建物」の3つですが、すでにおわかりのとおり、『村田式ロケット戦略』では、「土地付き建物」を投資対象に選びます。

「土地付き建物」は、テナントビルやオフィスビルなどの「商業系」と「住居系」に分けることができますが、「商業系」は、投資金額が高いうえ、銀行融資も困難を極めます。

さらに、景気の影響が直撃し、破産するテナントも珍しくありません。コロナウイルスによって大きなダメージを受けたのも「商業系」でした。

また、「商業系」は、その地方に特化した景気動向も影響しますから、商業地域の再開発や大型スーパーの出店などにも目を光らせなければなりません。「地方」を狙ううえで、空室リスクがとても高いといえるでしょう。

経営には、特殊なノウハウが必要なのですが、ハイリスク・ハイリターンの物件として、プロが動いています。

何かの拍子に、「商業系」の「1棟物」を紹介されることがあります。「あなたにだけおすすめする、お値打ち品です」というかたちでです。


それには決して乗ってはいけません。


『村田式ロケット戦略』では、「地方」をテーマにしていますが、東京在住の方によくすすめられるのが、地方の「商業系」の物件です。

「お買い得の物件がある」と。

しかし、その「お買い得物件」は、実は、その地方の商業地区のお荷物物件であることも珍しくないのです。

たとえば、駅周辺の再開発が始まるけれど、そのビルの場所は再開発外の地域であったり、大きなショッピングモールが、駅を隔てて反対側の地域にできるため、そのビルのある地域は、縮小傾向にあるなどです。

値打ちのなくなる商業ビルを高く売りさばこうとするブローカーが、離れた地域の投資家を狙うことは、少なくありません。

このようなブローカーを含めたプロがうごめいているのが「商業系」です。

どんなに条件がよくても手を出さないほうが、無難なのです。

地方で「住居系」に投資するメリットは、実は、満室経営を考えた場合のライバルの少なさにあります。

くり返しになりますが、贈与税の軽減目的やゼロ金利を背景にした融資増加などで、たしかにアパート、マンションは乱立。コロナ後でも供給過多といわれています。

しかし、ある地域に乱立するということは、物件の持ち主は、ほとんどが素人ということを証明しているのです。

経営は管理会社にまかせきりで、空き室が長期間あっても、対策を練ることもなく、管理会社に電話さえしない。

きちんとケアをすれば、ある地域での流動的な居住世帯「15%」を取り込み、満室経営を勝ち取れると考えてよいでしょう。

「住居系」のもうひとつの利点は、入居者の募集、家賃の回収、修繕などのインフラが日本全国どこに行っても揃っていることです。

東京都内に住んでいる人が、ちょっとしたコツと努力だけで、地方の「1棟物」の経営のほとんどすべてを、その土地の管理会社と密度の濃い関係をつくり、アウトソーシングをすることが可能なのです。

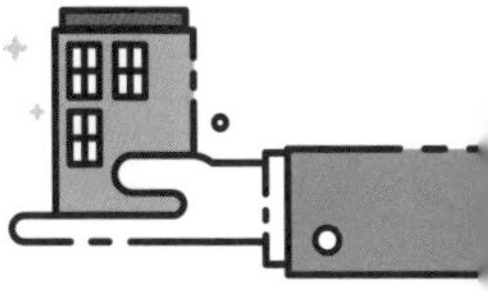

経済的自由を勝ち取れるとは思えない、区分所有マンション投資

「区分所有マンション」への投資に関して、述べておきましょう。

『村田式ロケット戦略』では、「1棟物」の「RC（鉄筋コンクリート）造」をすすめていますが、不動産投資には、「区分所有マンション」という選択もあります。

しかし私は、避けたほうがよいと考えます。

理由は、大きく分けて3つあります。

①プロの投資家になることができない

『不動産投資で経済的自由を手にする会』は、プロの不動産投資家を育てています。

プロの不動産投資家とは、第一に、不動産投資による収益によって、生活が成り立つ人です。

そのため『不動産投資で経済的自由を手にする会』の目標は、不動産投資を拡大し、潤沢なキャッシュフローを手にして、経済的自由を勝ち取ることにあります。

その意味でいえば、結論は簡単です。

区分所有マンションの家賃収入は、不動産投資家ではなく、お小遣い程度の副業と思えるからです。

②取得の手間は、「1棟物」と同じである

取得の手間に関しては、先にも述べましたが、もう一度記しておきましょう。

区分所有マンションでも、規模を拡大すればよいだろうという方がいらっしゃいます。

しかしながら、区分所有マンションをいくつも購入し、キャッシュフローが1000万円を突破した方は、まず、見たことがありません。

500万円の区分所有マンションと5000万円の「1棟物」を購入する場合、手続きや融資の申し込みなど、手間はまったく同じなのに、です。

さらに、500万円の区分から始めて、投資金額5000万円に達するには、500万円の区分でプラス9部屋、1000万円の部屋でプラス5部屋必要です。その部屋数分の

手間がかかるのですが、5000万円の「1棟物」は、一度で完了します。

③将来的な価値の保証はない

「多額の借金は怖いので、投資金額が少ない区分所有マンションから」という方もいらっしゃるでしょう。

将来、価値が上がったときに売却し、「1棟物」に切り替えようという方です。

しかし、所有している間は、管理費と修繕積立金という名目で家賃の2~3割が支払いにあてられ、キャッシュフローがほとんど出ないケースもあります。

銀行評価も驚くほど低く、2000万円で購入した区分所有マンションが銀行評価では700万円程度というケースも珍しくありません。

フルローンで購入していたとしたら1300万円も債務超過の状態となり、「1棟物」購入の際に銀行から断られる恐れがあるのです。

また、売却時に大幅に値下がりしていることも少なくなく、よほど都心の人気エリアでない限り、残債で売却するのも難しいかもしれません。

外壁や屋上防水が傷んできて大型修繕を行いたいと思っても、共有スペースは、所有者全員で協議したうえでの判断となるため、自分の意思だけでは、簡単にエントランスなどのリフォームができない。

部屋のなかをどれほどキレイにしても、外装がきちんと綺麗にキープされるとは限らないということです。

人気だった区分所有マンションが、数年~10年でスラム化することもままあります。

プロの不動産投資家になり、経済的自由を勝ち取ろうと思うのであれば、区分マンションは、選択肢から外すべきだと私は考えます。

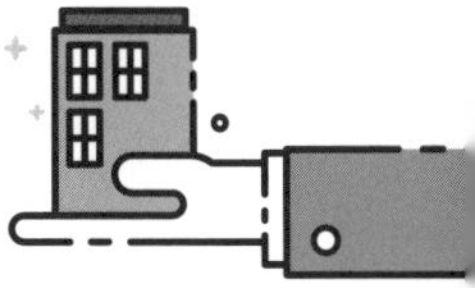

「中古」にする理由は、アパート・マンションの価格設定

本章の最後に、不動産物件の売買業者が、アパートやマンションの物件価格をどのように決めるのかを、簡単に説明しておきましょう。

たとえば、１ＬＤＫ10戸のアパートで、戸あたりの家賃が月10万円だとすると、年間の満室収入は１２００万円です。

これを、エリアの「相場の利回り」で割り戻したものが、販売価格となります。

つまり、１ＬＤＫ、家賃10万円、10戸のマンションの「相場の利回り」が６％だとすると、１２００万円÷６％＝２億円の価値がある物件ということになります。

この家賃10万円を11万円にしたら、年間満室収入は１３２０万円です。

同様に算出すると、１３２０万円÷６％＝２億２０００万円となり、なにもしないで

2000万円も価格が上昇したことになります。

このように、家賃が高いほうが、物件の価値は上がります。

販売価格を高くできるため、建築メーカーは、新築の賃貸マンションを販売する際、高い家賃設定をすることがよくあります。

先の1LDK10万円を11万円にするようなものです。

新築のほうが投資にはよいのでは、という方も少なからずいらっしゃるでしょうが、新築というプレミアムを加味して高い家賃で入った居住者は、数年で退去してしまうことも多いのです。

そして、その後入居が決まるのは、家賃を大幅に下げて、適正な家賃に戻したときです。建物の価値も同様に新築プレミアムが剥がれ、元に戻ります。

新築時の家賃については、それだけではありません。立地がよくない場所に、税金対策で建てたようなケースでは、適正適切な家賃が予想以上に低く、少し下げた程度では入居者が決まらず、5年程度で、大きく下落するケースが多々あります。

新築のアパートやマンションの新築プレミアムに依存する経営は、危険をはらんでいるのです。修繕費などの経費も5年経過すればかかってきます。

家賃の問題だけではありません。銀行評価もかなり厳しいものになります。たとえば5000万円の土地に5000万円の新築の賃貸物件を完成させて、大家さんになったとします。合計1億円の物件のはずです。

それを担保に銀行に借り入れを申し込んだ時、銀行は、いくらだと評価をするのでしょうか。

エリアの問題などがありますから、あくまでケースバイケースですが、私の経験からいうと、6000万円~8000万円程度の評価になる可能性が高いのです。

このように、新築の物件の場合、1億円を借りて建築したとしても、借入に対しての評価は、2000万円~4000万円分が足りないという状態になることを信用毀損といいます。

信用毀損を起こすと、次の融資の際に、債務超過とみなされ、その分不利になり、最悪は融資不可となります。

逆にいえば、銀行が1億円で評価する物件を1億円で買えれば、信用毀損は0になります。

もっといえば、中古物件の場合、1億円の評価の物件を8000万円で買えることもあり、これは、資産超過と呼ばれ、融資を申し込んだ際、とても有利に事が運びます。

あなたが3棟以上所有していて、資産超過になっているある程度の規模の投資家になっているなら別ですが、融資戦略を考えたなら、1棟目から新築を考えるのは避けた方がいいでしょう。

第3章

融資を得られる、「RC（鉄筋コンクリート）造」物件の選び方

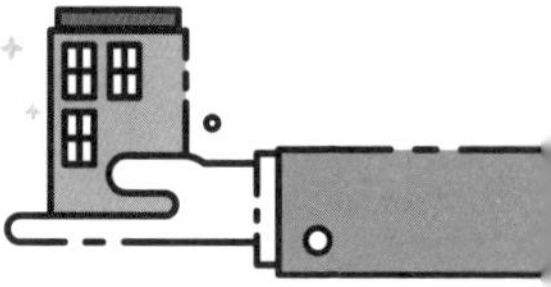

「1棟物」4種類の特徴――受け取るキャッシュは投資額に比例する！

では、『村田式ロケット戦略』の中心ともいえる、「1棟物」の「RC（鉄筋コンクリート）造」のメリットについて、解説していきましょう。

『村田式ロケット戦略』は、銀行の融資をロケットエンジンとしています。つまり、あくまでも銀行目線が基本です。そのうえで、キャッシュフローが出る物件を選びます。融資のつく「1棟物」をセレクトすることからスタートするのです。

価値のある「1棟物」をなるべく安く手に入れて、フルローンもしくは、修繕費などを含めたオーバーローンの融資を得るのが、ベストな戦略といえます。

銀行にとって価値のある「1棟物」は、もちろん、「RC（鉄筋コンクリート）造」です。くり返しになりますが、「1棟物」には、大きくわけて、「木造」、「軽量鉄骨造」、「重量鉄骨造」、「RC（鉄筋コンクリート）造」の4つがあります（＊おもに6階建て以上の高層マンションに使用されるSRC造＝鉄骨鉄筋コンクリート造がありますが、これは、RC造と同列にあつかってかまいません）。

『村田式ロケット戦略』では「中古」物件を選びます。

先に、それぞれの中古市場での価格帯とキャッシュフローを生むために重要な法定耐用年数（税法上の資産価値を有する年数）を記しましたが、ここでは、その復習もかねて4種類の「1棟物」の特徴とリスクを記しておきましょう。

●「木造」

特徴

・物件のほとんどが、アパート
・規模は小さめ……2階建てが大半。1棟あたり6〜18戸程度
・価格帯は、比較的安価……中古市場だと3000万円〜6000万円程度
・建築費は、比較的安価……12〜17万円／㎡程度

・取り壊し費用は、比較的安価……1万円／㎡程度

リスク

・火事に弱い

・シロアリ対策が必要

・耐震性に注意が必要……特に築15年〜の物件

・担保価値が低く、債務超過になる可能性もある

法定耐用年数

・22年

●「軽量鉄骨造」

特徴

・物件のほとんどは、アパート

・規模は小さめ……2階建てが大半。1棟あたり6〜18戸程度

・価格帯は、比較的安価……中古市場だと3000万円〜6000万円程度

・建築費は、比較的安価……13〜18万円／㎡程度

・取り壊し費用は、1・3万円／㎡程度

リスク

・「鉄骨造」だが、火事には弱い
・床下には木を使用していることが多いため、鉄骨でもシロアリ対策が必要・耐震性に注意が必要。特に築15年〜の物件
・債務超過になる可能性が大きい

法定耐用年数

・鉄骨の肉厚によって19年と27年。（市場に出ている物件は法定耐用年数19年がほとんど。法定耐用年数27年は、珍しい）

●「重量鉄骨造」

特徴

・物件のほとんどは、マンション
・規模は、大きめ……3〜5階建てが大半。1棟あたり15〜40戸程度
・価格帯は、比較的高価……中古市場だと5000万円〜1億2000万円程度

・建築費は、比較的高価……17～22万円／㎡程度
・取り壊し費用は、比較的高価……1・8万円／㎡程度

リスク

・大型修繕の費用総額が、比較的高い

法定耐用年数

・34年

●「RC（鉄筋コンクリート）造」

特徴

・物件は、マンションがほとんど
・規模は大きめ……3階建て以上が大半。1棟あたり15～80戸程度
・価格帯は、高め……中古市場だと5000万円～10億円程度）
・建築費は高め……（20～25万円／㎡程度）

リスク

・取り壊し費用は、高い

・大型修繕の費用総額が、比較的高い

法定耐用年数
・47年

以上が、4種類の「1棟物」の特徴です。

『村田式ロケット戦略』と同様に、「地方」の「1棟物」への投資をすすめる不動産指南書は、少なからずありますが、「1棟物」の種類として、「木造」を選ぶように記された書籍も多数存在します。

私は、「木造」への投資を否定するわけではありません。

「木造」を選ぶ大きなメリットは、投資金額を少なめに絞れることだと考えます。まずは、不動産賃貸業を小規模から始めてみたいと考えるなら、「木造」から始めると良いでしょう。

しかし、『村田式ロケット戦略』の場合は、「RC（鉄筋コンクリート）造」物件を選び、最低でも5000万円程度の規模の物件を選ぶことを推奨しています。理想は1億円以上の物件です。それだけの規模を求める理由は、潤沢なキャッシュフローを手に入れることを目的とするからです。

「1棟物」の「木造」の場合、特徴でも記したとおり、価格帯は3000万円〜6000万円。地方では、2000万円程度の物件が見つかることもあります。

不動産投資の第一歩を踏み出すとき、投資金額を安価に絞れるということは、安心感にもつながります。しかし、投資金額を低く押さえるということは、受け取るキャッシュも少なくなるということにほかなりません。

同じ「1棟物」でも「RC（鉄筋コンクリート）造」物件に比べると、「木造」は1棟の戸数が少ないうえ家賃も安く、収益が多いとはいえないのです。

それは、経費や返済金額を踏まえたキャッシュフローで見ると、なおさら明らかになります。

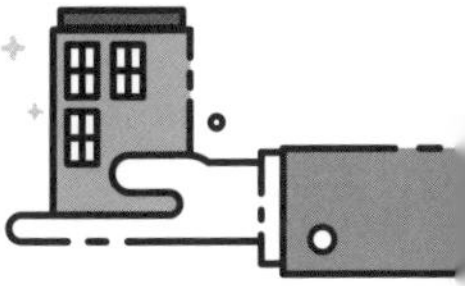

シビアな収支を導き出す村田式キャッシュフローの計算式

キャッシュフローとは、年間家賃収入から、経費、借入返済を引いた金額です。常識的なキャッシュフローの計算式は、次のとおりです。

キャッシュフロー＝年間満室家賃収入－年間経費（管理修繕費・固定資産税等）－年間借入返済

『村田式ロケット戦略』では、キャッシュフローをよりシビアに算出する「村田式キャッシュフロー計算式」を使用しています。

計算式は次ページのとおりですが、キャッシュフローを生み出すには、かなり厳しい条件設定となっています。

しかし、この程度の条件をクリアしなければ、購入した後でキャッシュが回らず、苦労することになるのです。

では、次の計算式を踏まえて解説をしましょう。

村田式キャッシュフロー＝①年間実質家賃収入－②年間経費（A管理修繕費など＋B固定資産税・都市計画税＋Cエレベーターなどの施設費）－③年間借入返済

①**「年間実質家賃収入」**は、見込みとしての年間満室家賃収入ではありません。入退去、築年数や景気の影響による家賃下落まで考慮し、**満室時の92％**と考えます。

②**「年間経費」**は、**A「管理修繕費など」**と**B「固定資産税・都市計画税」**と**C「エレベーターなどの施設費」**に分けられます。

●**A**の**「管理修繕費など」**は、経費率で計算します。

年間経費率は、満室年間収入の**9％が基礎経費**。それに、**築年数÷3％（割り切れない場合は切り上げ）**を加えて算出します。築年数が経過すればするほど、高くなる計算です。

築3年の場合は、満室年間収入に対して、9％＋（3÷3）％＝**10％が経費率**。

築30年の場合は、満室年間収入に対して9％＋（30÷3）％＝**19％が、経費率**となるのです。

●B の**「固定資産税・都市計画税」**は実費となります。

不明な場合は、以下の計算方法で試算すればよいでしょう。

「RC（鉄筋コンクリート）造」の場合

・シングルタイプ＝**物件価格の0.7％**。

・ファミリータイプ＝**物件価格の1％**。

※**「重量鉄骨造」**なら、これに**0.8**をかけてください。

※**「軽量鉄骨造」**と**「木造」**なら、これに**0.6**をかけてください。

●C の**「エレベーターなどの施設費」**は、1億円以上の「重量鉄骨造」、「RC（鉄筋コンクリート）造」に年間50万円を計上します。

※外部駐車場がある場合は、ここに計上してください。

③**「年間借入返済」**は、**フルローン金利2％概算**（借入する銀行によって変動させるケー

スもある）。

となります**融資期間は、法定耐用年数ー経過年数。**（計算式は複雑なので、インターネットの融資計算サイトなどで、確認してください）。

以上を踏まえて、「1棟物」のタイプ別にキャッシュフローを算出してみましょう。すべてファミリータイプで築年数、価格、利回りは便宜上同じに。融資の借入条件も計算式どおり、フルローン、金利2％として考えます（端数は切り捨てです）。

〈ケース1〉木造（法定耐用年数22年）

ファミリータイプ。築15年　5000万円　利回り10％

①年間実質家賃収入：**460万円**（5000万円×92％・以下同じ）

②年間経費（内訳は左記）：**100万円**

A「管理修繕費など」：500万円×14［9＋（15÷3）］％＝70万円

B「固定資産税・都市計画税」：5000万円×1％×0・6＝30万円

C「エレベーターなどの施設費」：なし

③年間借入返済：**７６６万円**（借入５０００万円　金利２％　融資期間７年）

村田式キャッシュフロー：４６０万円－１００万円－７６６万円＝▲４０６万円

利回り10％（年間家賃収入５００万円）でも大幅な持出しという状況です。年間借入返済が響いて、年間トータルのキャッシュフローでは大赤字になり、購入は見合わせるしかありません。

プラスマイナスゼロになる実質家賃収入は９９０万円。利回りは21％超。築15年で見つけるのは、難しいでしょう。

ちなみに、市場に多く売りに出ている築10年の物件だとしても、融資期間は12年で年間借入返済は４６９万円。これでもキャッシュフローは望めません。

〈ケース２〉軽量鉄骨造（法定耐用年数19年）

ファミリータイプ　築15年　５０００万円　利回り10％

①年間実質家賃収入：**４６０万円**（計算式は木造と同じ）

②年間経費（内訳は木造と同じ）：**１００万円**

③年間借入返済：**１３００万円**（借入５０００万円　金利２％　融資期間４年）

村田式キャッシュフロー：４６０万円－１００万円－１３００万円＝▲９４０万円

お話にならないほどキャッシュフローはマイナスです。

プラスマイナスゼロになる計算で、実質家賃収入は１４００万円。利回りは約30％。なかなか出ない物件です。

「木造」と同様に、市場に多く売りに出ている築10年の物件だとすれば、融資期間は17年で、年間借入返済は６０７万円。キャッシュフローは望めません。

〈ケース３〉重量鉄骨造（法定耐用年数34年）

ファミリータイプ　築15年　５０００万円　利回り10％

①年間実質家賃収入：**４６０万円**（計算式は木造と同じ）

②年間経費：**１１０万円**

A「管理修繕費」：500万円×14［9＋（15÷3）］％＝70万円
B「固定資産税・都市計画税」：5000万円×1％×0・8＝40万円
C「エレベーターなどの施設費」：なし
③年間借入返済：**316万円**（借入5000万円　金利2％　融資期間19年）

村田式キャッシュフロー：460万円−110万円−316万円＝34万円

このケースではキャッシュフローがわずかにプラスです。融資期間が長くなった分、借入返済額は少なくなりましたが、まだまだ余裕はありません。退去者が数戸増えただけで赤字に転落するレベルです。

市場に多く出回っている築15年で、この結果は厳しいといえるでしょう。

〈ケース4〉RC（鉄筋コンクリート）造（法定耐用年数47年）。
ファミリータイプ　築15年　5000万円　利回り10％
①年間実質家賃収入：**460万円**（計算式は木造と同じ）。

②年間経費：**120万円**

A「管理修繕費」：500万円×14［9＋（15÷3）］％＝70万円

B「固定資産税・都市計画税」：5000万円×1％＝50万円

C「エレベーターなどの施設費」：なし

③年間借入返済：**221万円**（借入5000万円　金利2％　融資期間・最大の30年）

村田式キャッシュフロー：460万円－120万円－221万円＝119万円

やっと潤沢なキャッシュフローを生み出しました。最大の要因は、もちろん融資期間です。

〝計算上〟という制約はありますが、キャッシュフローに関して融資期間が大きな影響力を持つことは、わかっていただけたのではないでしょうか。そして、融資期間をもっとも稼げるのが、「RC（鉄筋コンクリート）造」物件なのです。

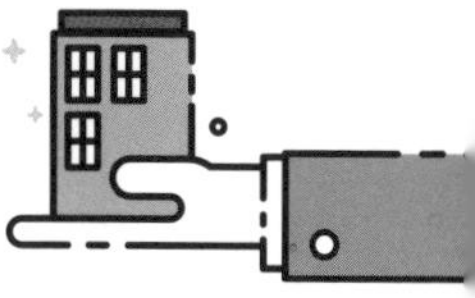

資産保全目的の「土地値物件」は、「木造」でも購入する価値がある

「木造」で、購入してもよい物件がないわけではありません。

融資は短期に設定し、「返済期間中のキャッシュフローは、一切期待せず、完済してから、家賃収入、もしくは転売で利益を得たい」というのであれば、それはそれで不動産投資のひとつの方針だと思います。

その意味でいうと、築古の「木造」も選択肢のひとつになるでしょう。

「木造」物件の購入に関して、相談を受けることは少なくありませんが、私は、『村田式ロケット戦略』には当てはまらないという前提を踏まえて、「資産買いとして、土地値以下で買えるのであれば、悪くない」と答えるようにしています。

いわゆる「土地値物件」と呼ばれる不動産としての購入です。

「土地値物件」は、不動産投資家として動き始めると、かなりの確率で舞い込んでくる物件です。

「木造」の場合、築年数が浅い物件は、なかなか市場に出てきません。先に述べたとおり、築10年が多いのですが、その時点で、見た目も古びた感じになりますし、空き室も出てきます。

ようするに持ち主は、「修繕や建て替えをするよりも、売ってしまおう」と思うわけです。

木造の法定耐用年数は22年です。最長の12年の融資期間と設定した場合、完済したときには、築22年という、かなりの築古の物件になり、価値が見いだせなくなります。

私の経験でいえば、築20年以上で、借り手に人気のある「木造」の物件は、ほとんどありません。耐震性などの問題も含め「とてもあと10年はもたないだろう」という物件も多いので、やはり、土地として売却という選択肢になることが予想されます。

しかし、土地として売るにしても甘くはありません。

まず、アパートの残った住人の立ち退き費用が発生しますし、アパートを取り壊して更地にする費用もかかります。

また、土地を購入してくれるのは、一般の不動産投資家ではなく、プロのアパート建築会社か建て売り業者です。そのようなプロが購入する場合は、一般の流通価格の5～7掛けが相場です。

「土地値物件」は、エンドユーザー向けの価格で計算してはいけません。実際のところ、プロ向けの相場価格で計算しておく必要があるのです。

かくして、土地の価格は大きく下がる計算になります。

このような物件は、すでに十分なキャッシュフローを生み出す物件を複数棟所有している投資家で、キャッシュに余裕がある人向けです。つまり、資産保全のための物件といえるのです。

もしあなたが資産保全を目的とするのであれば、購入を考えてよいですが、そうでなければ、パスすることを強くおすすめします。

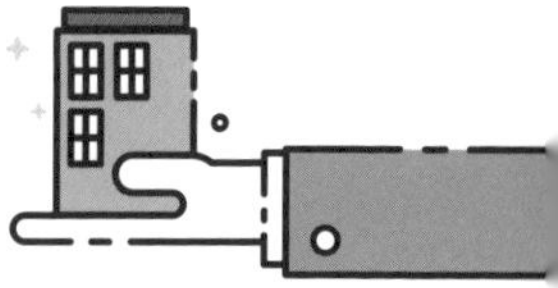

本当の狙い目は億の物件！ １億円の借金は不可能ではない

ちなみに、「ＲＣ（鉄筋コンクリート）造」物件のほうが、「木造」「軽量鉄骨造」「重量鉄骨造」よりも修繕費がかかるという話を聞いたことがある方もいるかもしれません。

それは、これまでに指摘してきたとおり、総額では正しいといえます。

しかし、規模がまったく違うことを理解してください。

３０００万円の「木造」アパートの外壁塗装と、1億円の「ＲＣ（鉄筋コンクリート）造」マンションの外壁塗装とを比べると、費用が違うのは当たり前ではないでしょうか。実は、単価で考えると、むしろ「ＲＣ（鉄筋コンクリート）造」物件の方が安くなるケースが多いのです。

たとえば、私が初めて購入した木造アパートの外壁塗装の場合、延べ床面積が２１７㎡で、工事金額は２６５万円でした。延べ床面積でわると、㎡単価が1万２２００円です。

一方、名古屋市内で所有している「RC（鉄筋コンクリート）造」マンションの外壁塗装と屋上防水を行った工事の場合、延べ床面積が1173㎡で工事金額は850万円。延べ床面積でわると、㎡単価が7200円となります。

このように、「RC（鉄筋コンクリート）造」の方が木造より総額は大きいですが、単価は6割程度で済んだのです。

足場や段取りなど、規模の大小にあまり影響されず必ず掛かる工事費用がありますが、大型の物件だと負担が薄まるため、大型物件の方が安価にできるのです。

これまでの話で、『村田式ロケット戦略』が狙っている物件の概要は、見えてきたはずです。

くり返しますが、キーワードは、**「地方」**、**「RC（鉄筋コンクリート）造」**、**「住居系」**、**「中古」**、**「1棟物」**です。

となると、物件購入に際して、実際にどの程度の融資が必要になるのでしょうか。

「RC（鉄筋コンクリート）造」のマンションの場合、最低でも5000万円だと考えます。しかし、5000万円で購入できる物件は、それほど市場には出てきません。

はっきり申し上げましょう。

狙い目とする物件価格は、1億円なのです。

フルローンを基本としますので、必然的に1億円の借り入れをすることになります。心理的に、1億円の借り入れを受け入れることができるかどうかという問題がありますが、銀行としては、あなたが普通のサラリーマンであれば、億単位の貸し出し先としてまったく問題がない可能性は高いのです。

「RC（鉄筋コンクリート）造」物件は、きちんと選べば担保になります。そして、『村田式ロケット戦略』は、相場より安く買える物件を選ぶことから始まります。

不動産業者から価値のある物件をできるだけ安く購入できるように物件情報を入手し、適切な金融機関で低金利で融資をつける。

端的にいえば、1億2000万円の価値がある物件を1億円で購入することで高い銀行評価を生み出し、1億円の融資を楽につけるわけです。

ただ、可能か不可能かは別にして、1億円の借金と聞くと、その時点で足がすくむ方も多いと思います。

ところが、心配はいらないのです。理屈で考えてみましょう。

不動産投資家が投資をしているアパートやマンションは、収益不動産と呼ばれます。文字どおり、不動産は収益を得ることを目的とします。

その場合、今後どれくらいの収益が見込まれ、どれくらいの出費があるか、さらに、きちんと返済できたうえで、経済的に余裕があるかどうか、シミュレーションで安全が確保されるのです。

概算シミュレーションは、

【見込まれる家賃収入（123ページ参照）－運営コスト（124ページ参照）－借入返済＝余裕があること】

というかたちになります。

この場合、1棟ごとのカウントになりますが、ここで重要なのは「余裕」という言葉です。「余裕」の背景になるのは、返済比率だと考えてください。

ご存じのとおり返済比率は、年間借入返済額÷年間満室収入なのですが、概算シミュレーションの場合、「余裕」があるかどうかの判断基準として、「返済比率」がとても役に立つのです。

基本的な考え方は、ずばり、40％以下を目標にすることです。悪くても45％以下は、死守してください。

キャッシュが増えない、儲かっていないと嘆いている大家さんがいたら、返済比率を聞いてみてください。

まず間違いなく**40％以下**にはなっていないでしょう。実際の数字は、60％～80％だったりするのです。

新築を建てたり、木造築古物件を購入すると大抵こうなります。スルガ銀行などの高金利の金融機関から借りても同様です。

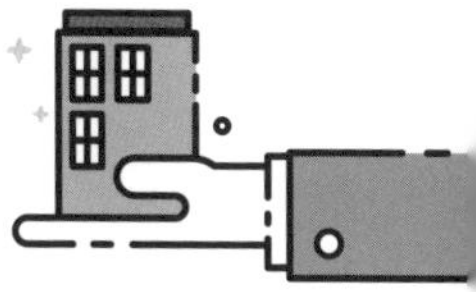

「余裕」を生むための概算シミュレーションの条件

1）見込まれる家賃収入：満室家賃収入×90％

『不動産投資で経済的自由を手にする会』では、満室経営が可能かどうかを最重要視しています。

逆にいえば、満室経営できる物件でなければ購入してはいけない。そうでないと、絵に描いた餅になってしまうからです。

しかし、概算シミュレーションでは、空室リスクを踏まえて、満室経営の年間家賃収入の90％を、「見込まれる家賃収入」として計算しています。

先の「村田式キャッシュフロー」より2％厳しい数字ですが、あくまで「余裕にこだわった」概算としてお考えください。

当会の運営方針に従ってしっかり運営すると、地方でも都会でも、たいてい、4%～6%程度の空き室率で収まっています。

加えて、家賃下落は年間0・5%程度は、見込まれます。

以上の数字でも充分に経営はできますが、「余裕にこだわった」概算のシミュレーションでは、空き室率を10%のリスクとして計算する必要があるのです。

2）運営コスト：満室家賃収入×20%

運営コストには、年間の物件管理手数料、清掃費、修繕費、固定資産税・都市計画税などが含まれます。

築年数、物件の所在地、安いリフォーム会社が近くにあるか、エレベーター付きかなどで、約15%～25%の間で変動するのですが、概算の場合は年間20%で考えて問題はありません。

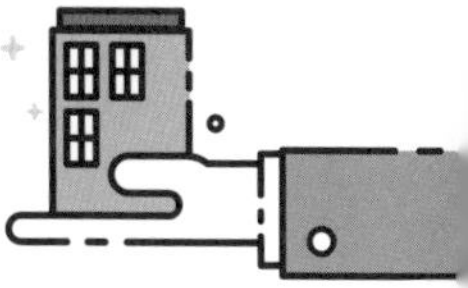

返済には、物件が稼ぎ出す「見込まれる家賃収入」を充てる

ちなみに「見込まれる家賃収入」というのは、物件が稼ぎ出した収入のことです。銀行への返済は、決して自分の労働収入で返すわけではありません。非常に重要なポイントなので、くり返しておきますが、プロの不動産投資家は、決して自分の労働収入で返すわけではなく、マンション自体が稼いだ収入を返済に充てるのです。

頭ではわかっていても、実際に億単位の借入を行うシミュレーションとして、年間の返済額が数百万円になるのをいざ目の前にすると、「働いて返せっこない」と思ってしまう人は少なくありません。つい自分で働いて返済するモードに変わってしまい、後ろ向きの気持ちになってしまうのです。

しかしながら、このように「働いて返せっこないよ」とつい考えてしまう方は、ざっと

概算シミュレーションによる儲けの仕組み

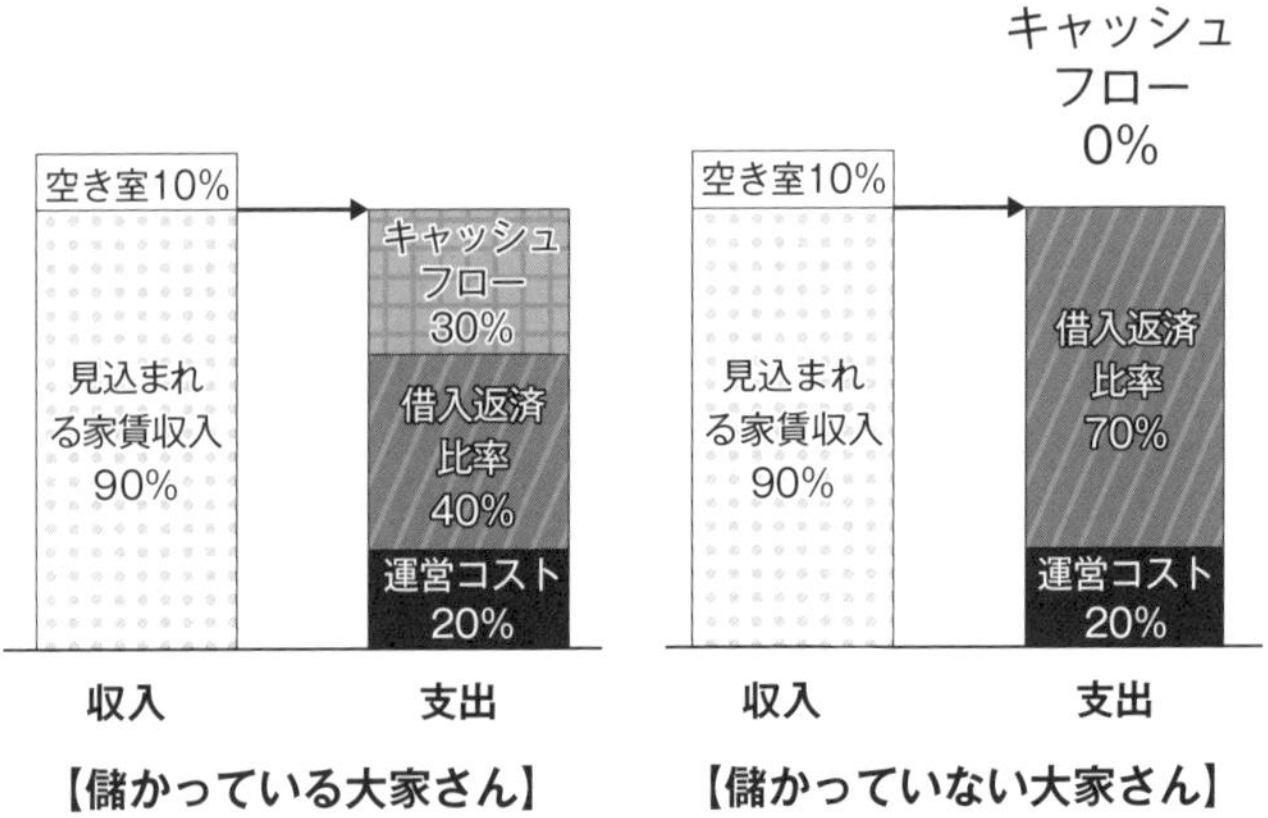

全体像を把握するために、上の図を見ていただきたいのです。

空き室ロス10%と運営コスト20%を合わせると、ランニングコストは30%程度かかることになります。

となると、借入返済比率が70%では、キャッシュフローはゼロとなり、儲からないと嘆くのも当たり前だということが、よくわかると思います。

ただ、逆にいえば、借入返済比率を70%以下に設定すれば、利益が出る。

上左図のように、借入返済比率を40%に抑えると「見込まれる家賃収入」の30%がキャッシュフローになります。

1億円で、利回り10%のマンションを購

入したとすると、年間家賃収入は1000万円。その90％＝900万円が、「見込まれる家賃収入」で、そのうち30％＝270万円の現金が税金や修繕費用などの経費と借入返済を引いて、**キャッシュとして手に入る**ということなのです。

私も初めて1億円を超える借入をしたときは、銀行で心臓がバクバクしだし、過去に経験をしたことがないほどの居心地の悪さを味わいました。

億の借金と聞くと、足がすくみそうになるあなたの気持ちはよくわかります。

しかし、実際に、返済期間を長期に設定し、返済比率を低く抑えた状態で物件を購入、運用してみると、なんて余裕があるのだと驚いたのです。

現在は、毎月数千万円もの入金がほぼ変動なくあり、返済はその4割以下です。

たとえ寝ていても、以前のサラリーマン時代の年収を超える額が、毎月の手取りとなるというパターンができあがりました。

このパターンを作り出したのは、もちろん私だけではありません。

『不動産投資で経済的自由を手にする会』のなかには、私と同様に収入を手にしているメンバーが数多くいます。

なにしろ年間家賃収入1億円を突破した〝ワンベスター〟が59名も誕生しているのです。ということは、あなたにも起こりうる話だといえるでしょう。

2006年の時点で、トヨタ系の工場に勤めるごく普通のサラリーマンだった私が、あっという間にこんなにまで成長できたのは、間違いなくキャッシュフロー重視の戦略のおかげだと考えます。

同じ道を通って成功する会員が続出しているのは、事実です。

このように、潤沢なキャッシュフローを生み出して、預金通帳の残高が雪だるま式に増えていくような物件のことを、**キャッシュディスペンサー物件**と呼んでいます。

億を超える借金が心配だ心配だとあれほど何度も相談しに来ていた方が、キャッシュディスペンサー物件を購入して、毎月の入金を体験してからは、なんの躊躇《ちゅうちょ》もなく次の物件を購入するようになっています。

ちなみに、私の妻もそのひとりで、最初はあれほど猛反対だったのに、毎月の入金を通帳で確認した途端、「いいのがあったら、また買いたいね」といっているのですから。

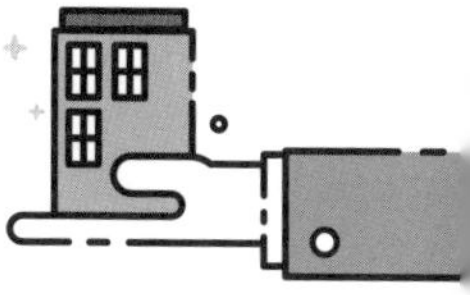

「B級物件」は、ミドルリスクハイリターンのチャンスに満ちている

くり返しますが、『村田式ロケット戦略』で融資を受け始めた十人が十人ともこういいます。

「いやあ、怖いといっていた自分が馬鹿でした」と。

彼らは全員、億単位の借金をしています。

本書をここまで読み進めてきたみなさんが、億単位の借金に対する心理的な壁を突破したという前提で申し上げると、おすすめ物件の理想の価格は、「できるだけ高い物件」だといえます。

なぜならば、高額になればなるほど、購入できる投資家は限られてくるからです。

競争相手が少なくなると、価格交渉も断然しやすくなります。

つまり、「お買い得な価格で物件を購入できる」可能性が高まるのです。

不動産投資家の目安としては、次のようなことが挙げられます。

●**1億円未満の物件：多くのプレーヤーが存在し、心理的なハードルも低く、融資を得やすい。**

●**1億円以上、2億円未満の物件：プレーヤーは限られてくるが、2億に近づくとぐっと減る。心理的なハードルは高いが、物件さえよければ融資を得ることができる。**

●**2億円以上の物件：プレーヤーはかなり限られ、心理的なハードルも高い。さらに、融資に関しては、相当な属性を求められるため、ライバルは少ない。**

売却する場合は、当然逆のことが起きます。つまり高額であればあるほど、購入できる人が少なくなり、流動性は低くなるということです。

したがって、もしも急いで売却しようとすると、高い物件ほど、思った価格で売れないというリスクがあります。

価格の多寡には限らないのですが、大型案件は、特に余裕をもって売却活動をする必要があるといえるでしょう。

ただ本書の目的は、『村田式ロケット戦略』に即した1棟目を手に入れることです。

2億円を超えるような物件は、心理的なハードルが高いうえ、「そんな高額なものにはチャレンジできない」という方は、無理に高額の物件をターゲットにしなくてもかまいません。

1棟目は、自分の身の丈にあった価格帯のなかで、探すことをおすすめします。

そして、経験を積んで自信を付けてから、高額物件にチャレンジするとよいでしょう。

もうひとつ、エッセンスを加えてみましょう。

不動産投資は、安く買えたらそれだけで、ほぼ成功したといっても過言ではありません。

『村田式ロケット戦略』では、いかに安く購入するかが、勝負だと考えます。

そこで、おすすめするのが、「中古」のなかでも「B級」と呼ばれる物件です。

「B級物件」とは、どのような物件か、説明しましょう。

まず、次のような〝事情のある物件〟が筆頭になります。

●売り主が破綻している物件

●任意売却物件（ローン返済が困難になり、物件所有者が、ローン返済を目的に売却）

●決算前の売り急ぎ物件（決算を前にしているので、値引きが可能）
●借り手がいないガラ空き物件（管理ができない）
●相続物件（相続税がかかるため、売り急いでいる）
●再生が必要な物件（第1章の「荒れ気味の物件」のようにスラム化している）
●駅から遠い場所にある物件（家賃が不釣り合い）
●築年数が古い（メンテナンスがされていない）
●ゴミ屋敷になっている（管理ができていない）

以上のような瑕疵《かし》のある物件には、大変なお買い得物件があるのです。同時に、たいして安くない物件、はたまた致命的な欠陥を持つ物件もあるので、購入するにはある程度の相場勘や、眼力が必要となります。

「B級物件」の抱えるリスクを解消し、再生させるのが、『村田式ロケット戦略』の大きなポイントといえるでしょう。

「B級物件」のなかに、簡単に解決が可能なものも潜んでいると考えてください。

ちなみに、投資と収益のリスクバランスには、不動産のタイプ別に、3つのパターンがあると考えています。

ひとつ目は、**ハイリスクハイリターン**。

これは、商業ビルや事務所ビルへの投資です。先にも記しましたが、プロが介在する不動産投資です。都市部にありますから、物件価格は数億円～数十億円。保証金なども含めて、大きな金額が動きます。

次は、**ミドルリスクミドルリターン**。

これは、住居系の中古物件で、商談としては中規模になります。物件価格は数千万円～億単位です。

最後は、**ローリスクローリターン**。

新築物件狙いです。前章でも記しましたが、新築の物件は、すべて空き室からスタートします。新築ということで空室リスクが少ないのです。さらに、家賃も高く設定できるので収益性は高い。ところが、数年経つと価値が8割に下がりますから、リターンは低くな

リスクとリターンの相関関係

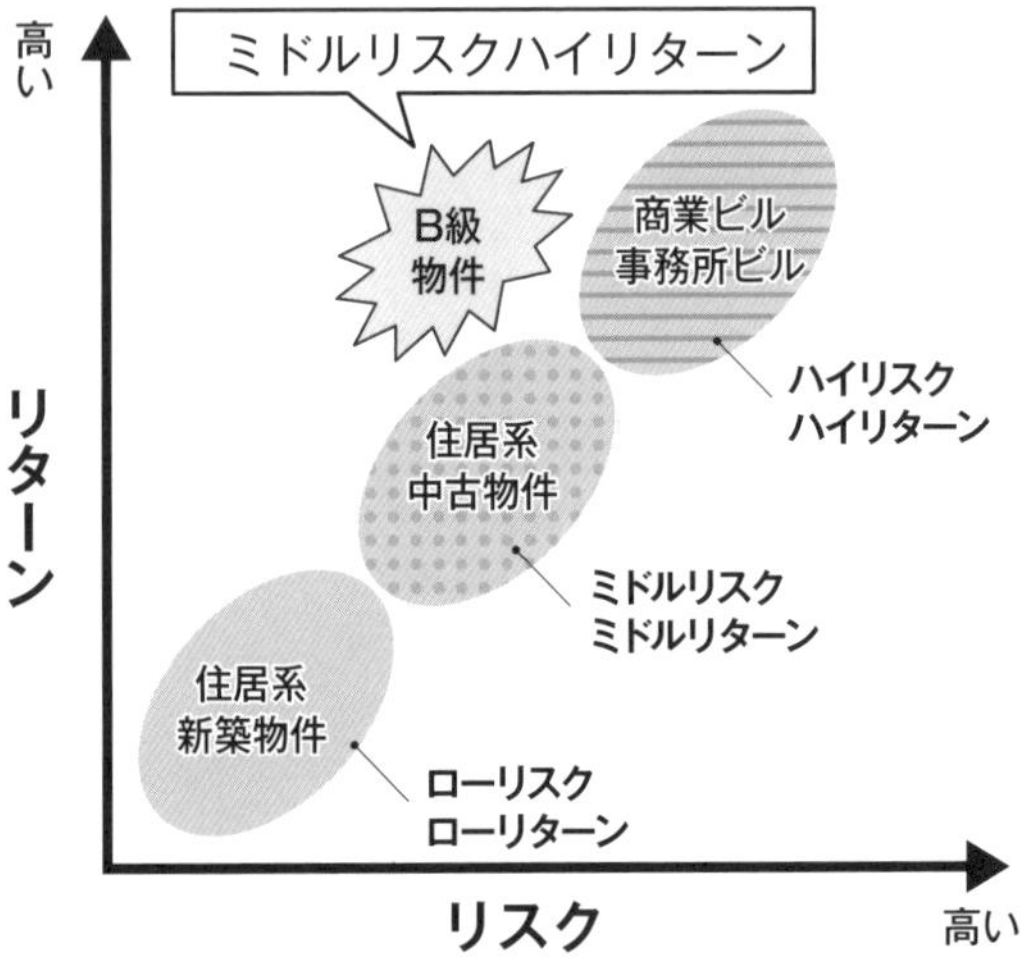

ります。そのあたりを見越して、投資するのが新築物件のポイントといえるでしょう。

では「B級物件」は、どうか。

これは、**ミドルリスクハイリターン**の物件なのです。

リスクは住居系中古物件と同じですが、事情がある物件ですから、相場より安く購入できるというメリットがあります。満室経営ができればリターンは高いのです。

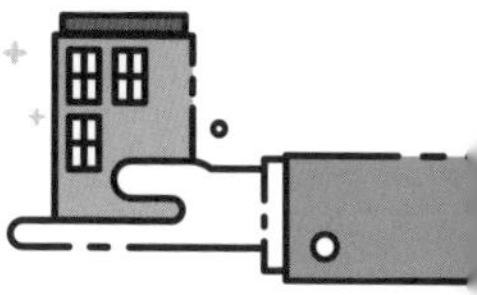

安く買える「B級物件」特有のリスクを知る

こういった「B級物件」を運営するうえでのリスクを解説します。

まず、リスクを回避するのは、購入者の対応力にもよるのですが、物件からの物理的な距離、リフォーム知識、時間の有無、資金力などにも大きく左右されるといえるでしょう。

しかしながら、「B級物件」は、市場価格よりも安く売買されることが多いので、それを利用して、比較的簡単に再生が可能な物件をピックアップすることもポイントのひとつです。

いわゆる目利きができるようになってくると、不動産投資の世界は、数千万円の収益が落ちているように感じると思います。

『不動産投資で経済的自由を手にする会』の〝ワンベスター〟たちは、まさにそう感じています。

逆にいえば、都市部で利回りがよく、立地は駅から近く、築年数が浅く、満室が確保され、管理も行き届いている、そんな夢のような物件は、存在しないと思ってもかまいません。

存在する可能性はあります。しかし、そのような物件を持っている不動産投資家は、手放すはずもなく、また、相当のタイミングでなければ、出会うことは少ないでしょう。

不動産投資は、結局のところ、何をリスクとしてとらえるかがポイントになるのです。

そして、大家力、リフォーム力でカバーできる点は、リスクではないというのが、私の考え方です。

カバーできないリスクだけを察知して避けることができれば、難しくはありません。

そもそもリスクというものは、漠然としていると、恐怖が倍増するものです。

リスク管理をマスターするには、まず、リスクを知ることから始めることが必要です。

賃貸経営の素晴らしい点は、想定外のことは起きないこと。さらにすべての問題に対し、対処方法が確立されていることです。全く恐れる必要はありません。

どんなことが起こるのか？　どう対処するのか？　そしてどれくらいのダメージか？

リスクの発生確率とダメージ

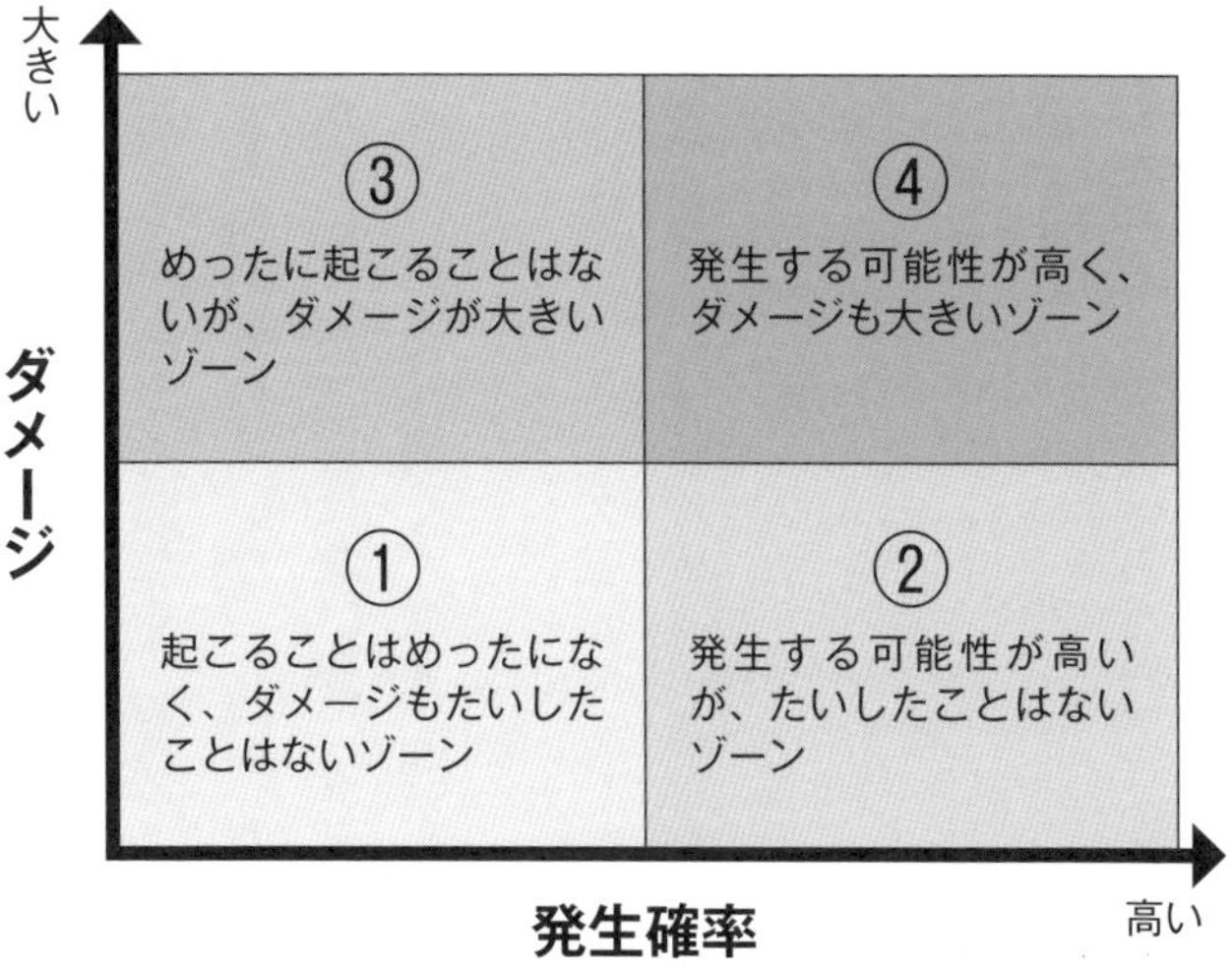

それさえ知ってしまえば、恐れるに足らないといえるでしょう。

まず行うべきことは、発生確率と、ダメージで切り分けることです。

リスクとは、上の図のとおり、発生確率×ダメージの大きさとなります（139ページに図の詳細あり）。

『村田式ロケット戦略』で狙うのは、瑕疵のある物件です。当然、リスクはあるものと考えるべきでしょう。

しかしながら、リスクを避けるばかりでは、大きな収益を生むことはないということも知っておく必要があります。

では、発生確率とダメージについて、図に添って説明をしましょう。

①起こることはめったになく、ダメージもたいしたことはないゾーン。
②発生する可能性が高いが、たいしたことはないゾーン。
③めったに起こることはないが、ダメージが大きいゾーン。
④発生する可能性が高く、ダメージも大きいゾーン。

問題は、積極的にリスクを取ってでも、キャッシュを温存し、成長させることを優先させるのか。それとも、極力リスクは負わないのかという点に尽きます。

資産背景、投資目的、ステージ、考え方などによって、リスクマネジメントに対する回答は、無限にあると考えられます。

ここでは私の考えを記しますが、これが絶対的な正解ではないので、あくまで参考にしてください。

ひとつの観点を申し上げるなら、リスクは決してゼロにはならないということです。そして、ゼロに近づけようとすればするほどキャッシュフローも少なくなっていき、最後に

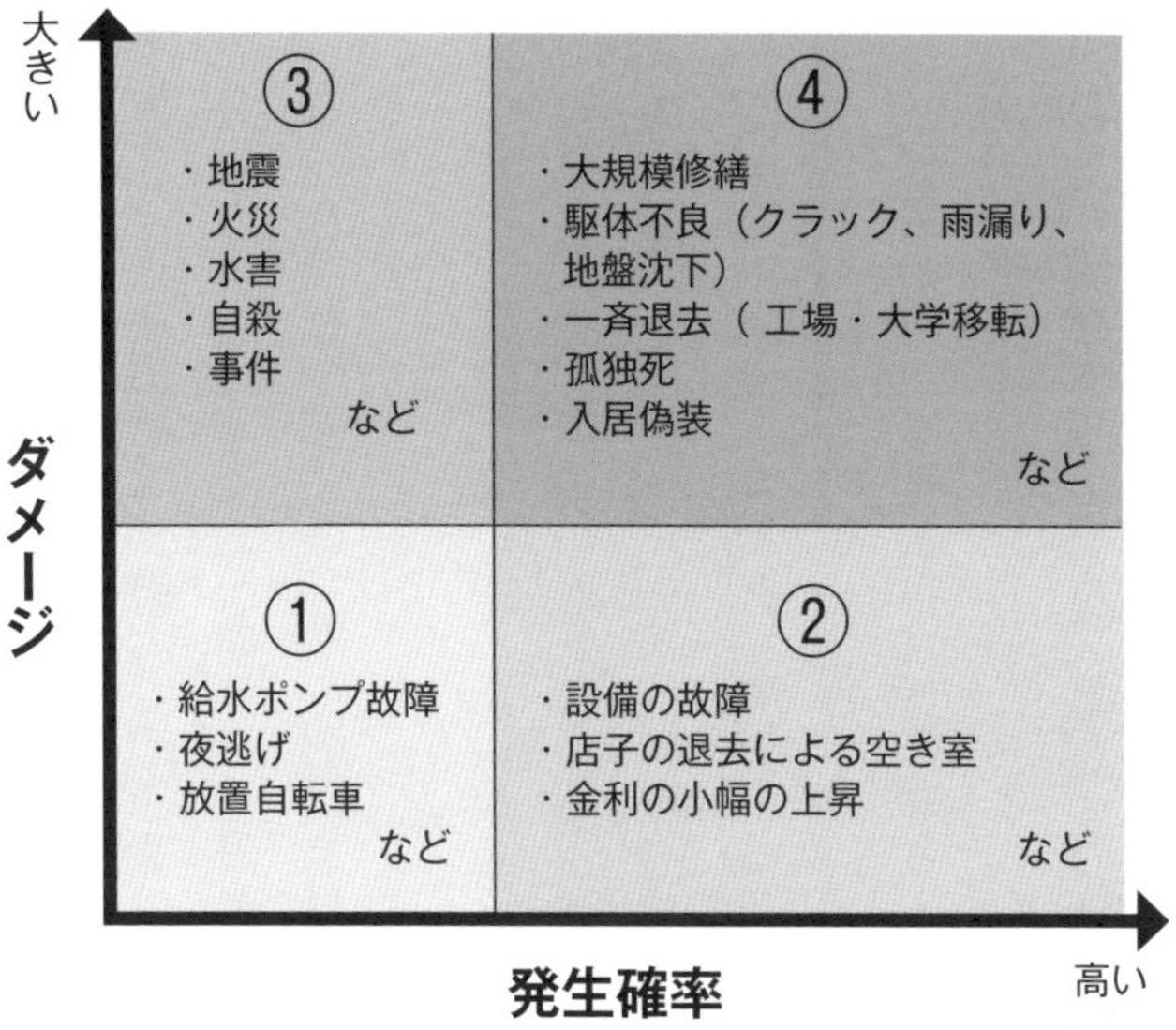

はマイナスになります。

この点は、ぜひ認識して欲しいと考えます。

それぞれのゾーンにある具体的なリスクは、次のとおりです。

①起こることはめったになく、ダメージもたいしたことはないゾーン。

・給水ポンプの故障、夜逃げ、放置自転車など

【基本方針】

・発生してから対処します。

【対処例】

・すべて管理会社と相談して対処します。

【参考】

・給水ポンプの故障：水道トラブルの専門業者の対応で解決します。

・夜逃げ：夜逃げは、唐突に起こるリスクのひとつです。経験的に申しあげれば、外国人の入居も増えているので、その外国人が収監されたケースもありました。そんなことが起こっても心配はありません。家賃保証の保険で解消できるのです。

②発生する可能性は高いが、たいしたことはないゾーン。

・設備の故障、店子の退去による空き室、金利の小幅の上昇など。

【基本方針】

・管理会社の通常業務内で対応します。

【対処例】

・設備の故障：管理会社が保険などで対応します。

・店子の退去による空き室：もともと店子付けが問題ないことを確認して購入しているので、問題ありません。そもそも管理会社の通常業務の範疇《はんちゅう》となります。

・金利の小幅の上昇：購入時に金利上昇耐性をチェックします。

【参考】

・空室リスクには、家賃保証という手もありますが、高額な管理料が必要です。

・金利の小幅の上昇リスクが怖いなら頭金を多く入れます。金利上昇をし始めたら、繰り上げ返済を行います。

③めったに起こることはないが、ダメージが大きいゾーン。

地震、火災、水害、自殺、事件など。

【基本方針】

複数棟をもち、収入源を分散することで、１棟がダメージを負っても倒れないようにしておくことが大事です。

【対処例】

・地震：「ＲＣ（鉄筋コンクリート）造」の場合、倒壊することはまず考えられないので、木造、鉄骨を選ばないというのが対処法です。

・火災：火災保険で対応します。

・水害：過去に発生したことがあるか調査し、保険を検討します。

・自殺：管理会社が対応します。事故物件になりますが、最近は、それほど大きな問題にならないケースが多いようです。
・事件：即座に退去対策を講じます。

【参考】
・地震は、地震保険に入るのがベターです。

④発生する可能性が高く、ダメージも大きいゾーン。

大規模修繕、駆体不良（クラック、雨漏り、地盤沈下）、一斉退去（工場・大学の移転）、孤独死など。

【基本方針】

保険を掛けるなど、十分な準備をしておけば問題ありません。

【対処例】

・大規模修繕：キャッシュフローを出し、工事費用をプールしておけば問題ありません。また、日本政策金融公庫のリフォームローンを活用します。
・クラック：リフォームローンを活用するなどして修繕します。

・雨漏り：定期的に屋上防水をチェックします。・地盤沈下：購入後に発生した場合（大きなクラックが入るなどして、わかりやすい）は補修をし、売却します。
・一斉退去：大学、工場の移転情報が入った時点で売却します。
・孤独死：室内の清掃も含め、管理会社が保険で対応します。
・入居偽装（入居者がいると偽装して、物件価格を釣り上げること）：即座に新規入居の対策を講じます。

【参考】
・孤独死は、自然死ですので、告知義務の必要はありません。

以上のように、すべての起こりうるリスクに関して、すでに答えが出ているということを知っておきましょう。

ということは、答えが出ていないリスクを持つ物件は、購入してはならないということになります。

では、答えが出ていないリスクとはなんでしょうか。

それは、次のリスクです。

●地域全体で駐車場が大幅に不足している。
●音害（1階がカラオケ店の場合など）。
●凍結（マンションの前の道が凍結。冬に一斉に退去するケースあり）。
●河川に面して湿気がひどい。
●外壁の一部がはがれ落ちている。
●陽当たりがきわめて悪い。
●排水管が詰まったり、破れて強い異臭がする。
●地盤沈下によって、物件がゆがんでいる。
●大きなシロアリの被害が出ている。
●所有者が反社会的な職業だと判明した。

このようなリスクは、どうにもできない物件といえます。借り手がつかないので、物件を選択する時点で排除すべきなのです。

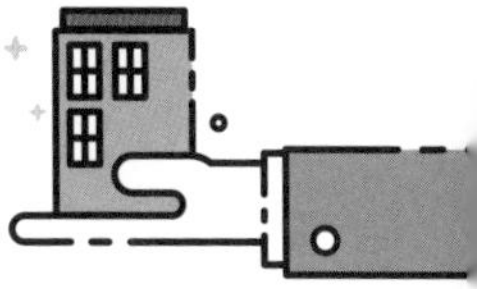

いざというときの準備!!
リスク回避としての売却――

なにかあったときに、物件がいくらで売却できるかを把握しておくことは、投資家として重要です。

特に大きな金額の借入を行うときには、残債との関係を検討しておかなければなりません。

つまり、いざというときのリスクヘッジとして、売却があるのです。

たとえば、１億円の借入をして物件を購入したとします。

数年後に売却しようとしたとき、残債が９０００万円だったとします。

その物件が、最低でも９０００万円以上で売却できるのであれば、まずは安心ですが、

仮に、８０００万円でしか売却できないとなると、１０００万円を補填しなければ、債権

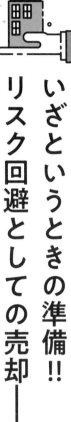

解除ができず、売却が不可能になるということになります。

そのためには、年数が経過するにともなって、リスクがどう変わるかということを見ておく必要があります。

すると、物件の売却可能価格を予想しておくことが大事になってくるのです。

物件売却可能価格を予想するには、大きく分けて次の3つの考え方があります。

それは、

(1) キャップレート
(2) 土地値
(3) 融資可能額

です。それぞれ、順を追って説明しましょう。

(1) キャップレート

その物件の地域での取引で、成立しているおおよその利回りから算出する方法です。

築年数とともに高くなる物件のキャップレート

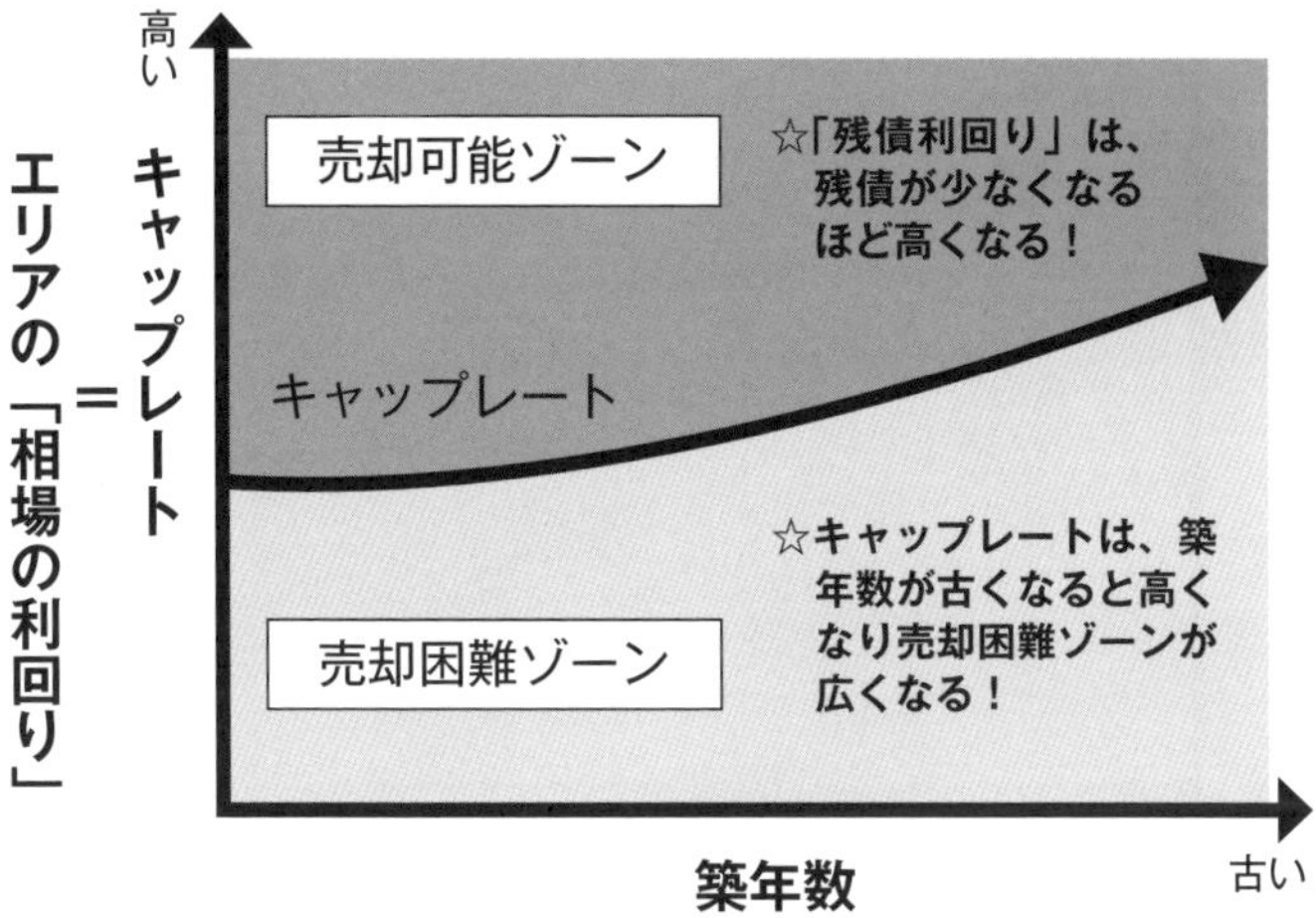

エリアの「相場の利回り」を別名キャップレートと呼びます。キャップレートが10％ならば、利回り11％で売りに出せる物件は、すぐにでも売れるでしょう。逆に9％なら、売れにくいということです。

キャップレートをベースに、残債利回りを計算することで、リスクコントロールを行うことができます。

残債利回り＝［年間満室家賃収入÷残債］がキャップレートを上回っているかどうかを見るのです。

キャップレートより残債利回りが上回っていると、少なくとも借金を残さずに売却が可能だということになります。

土地値の見方

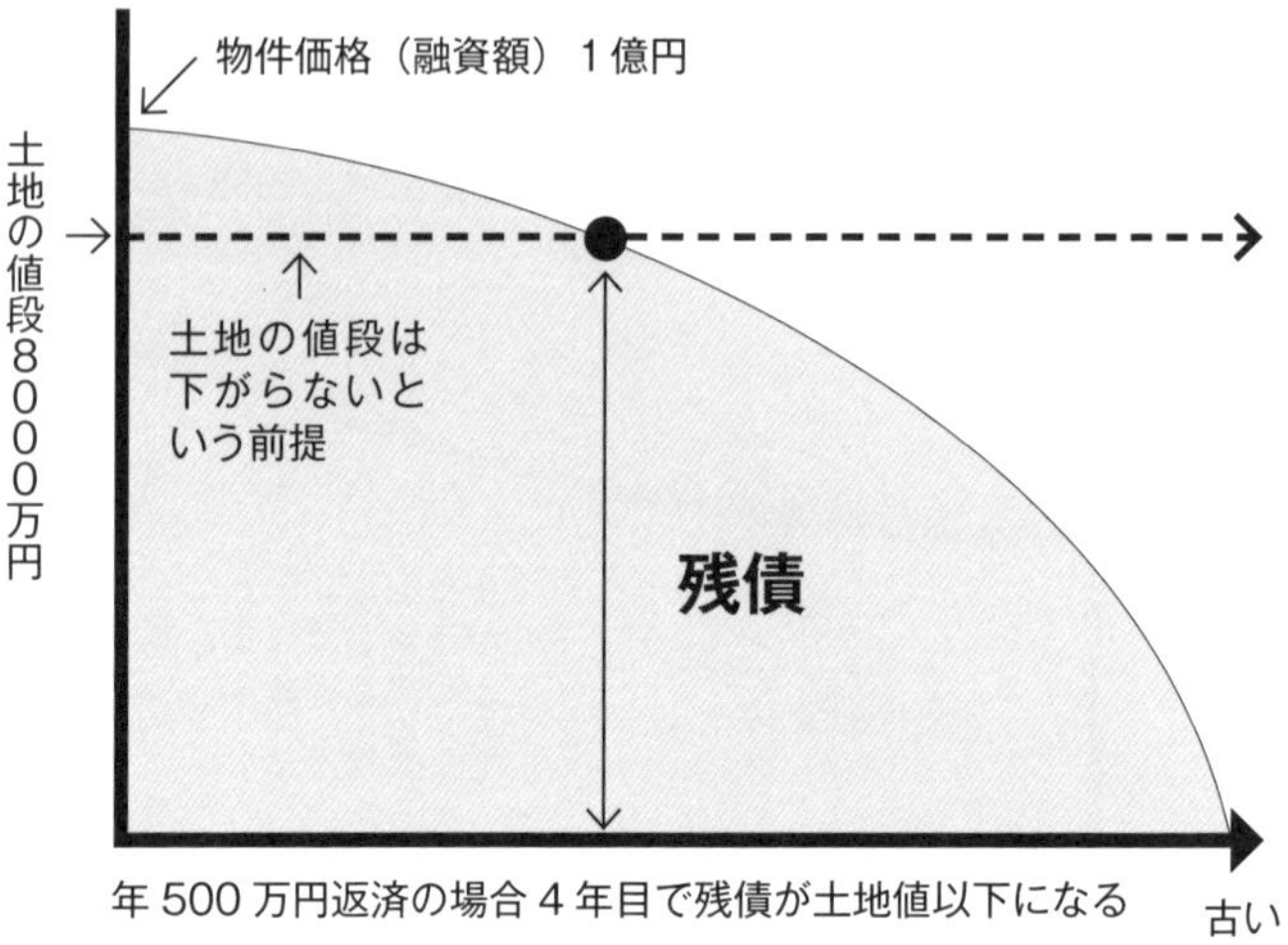

逆に下回っていると、補填をしなければ売却できないということになります。

（２）土地値

土地値が８０００万円の物件があったとします。

これなら、最低でも８０００万円の価値があるはずだから、８０００万円で売却できるだろう、という考え方です。

何年後には、残債が土地値以下になるか計算するといいでしょう。

築古物件で、建物の価値を見込むことができないような物件によく使われる考え方です。

（3）融資可能額

物件への銀行融資可能額を基準に考えるやり方です。

現実問題として、物件は担保となるので融資可能額を超過して売買が成立することは、非常に珍しいといえるでしょう。

150ページのイメージ①の図の場合だと、かなり安心です。

しかし、イメージ②の場合は、いわゆる債務超過が生じていて、売却はかなり困難になります。

ここで重要なポイントをお話ししておきます。

返済期間を法定耐用年数を超過して借りた場合や、高金利の金融機関から借りた場合、残債が減るよりも、融資可能額のほうが減るスピードが速いケースがあります。

その場合、売却したいときに、残債で売却できず追い金が発生する危険性があるのです。

しかもこのような場合、次にもう1棟購入したいと思っても、1棟目が債務超過して信

通常の融資と債務超過融資のイメージ図

イメージ①通常の融資

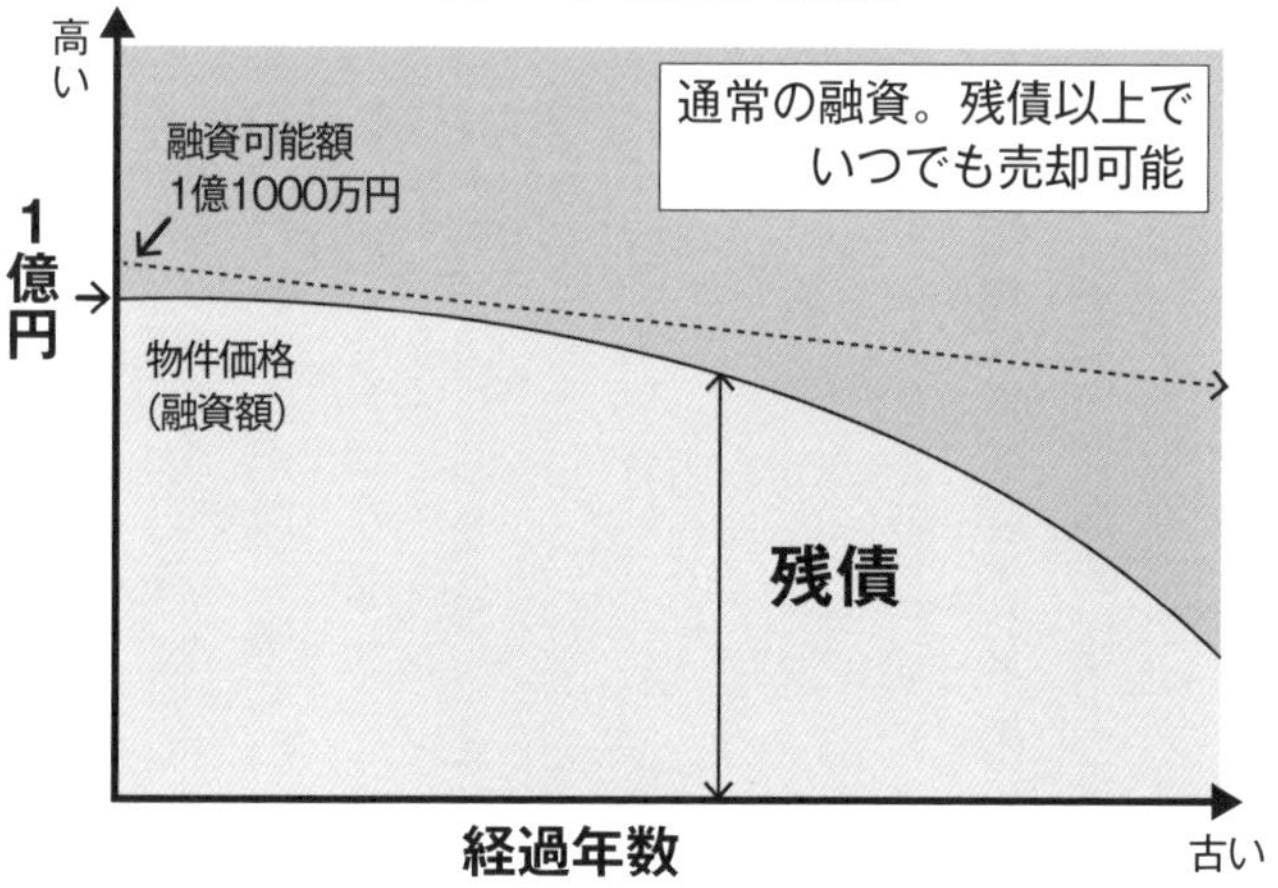

イメージ②債務超過融資

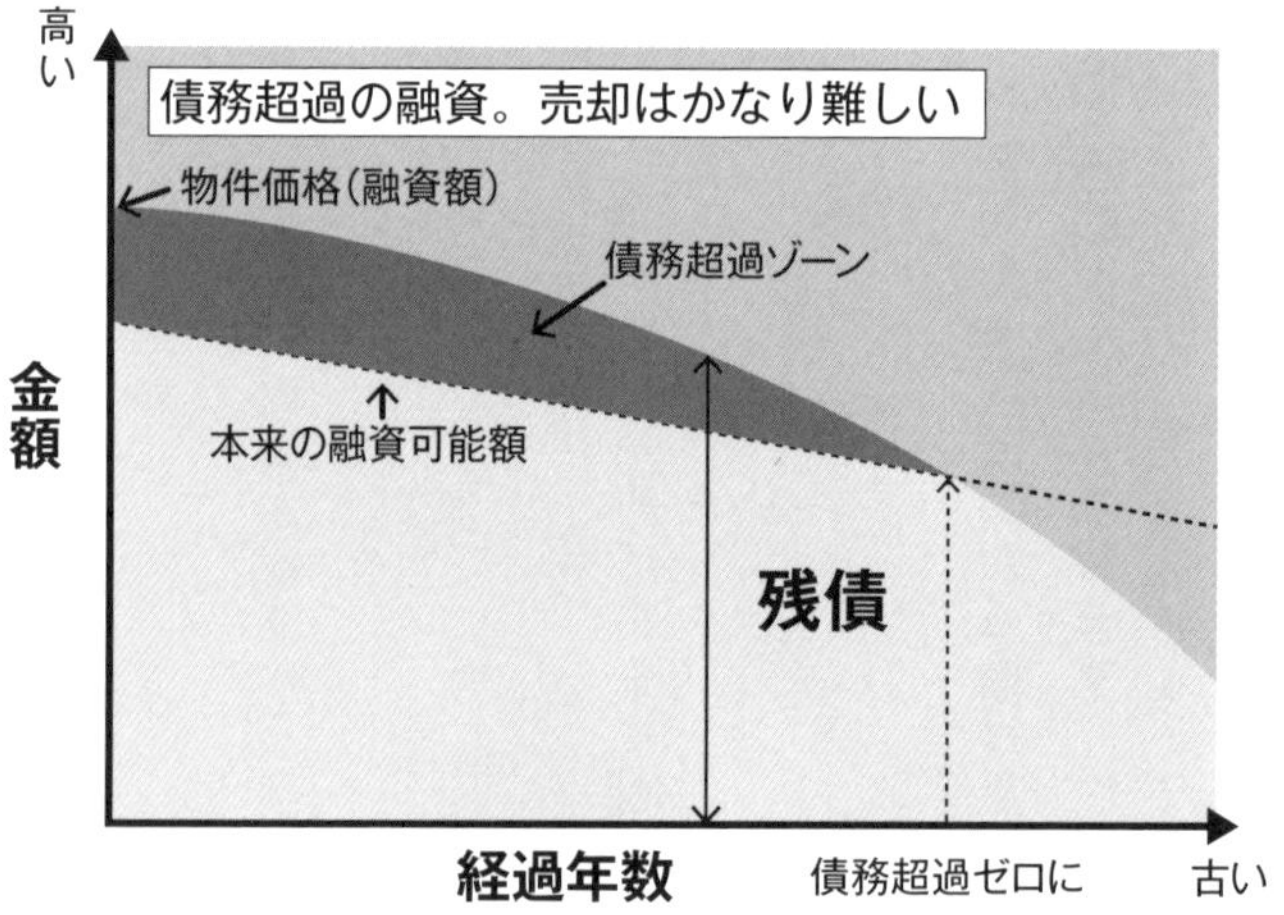

用毀損をしているため、融資不可となることもあります。十分な注意が必要です。物件の正確な融資可能額は、銀行に聞くしかありません。ただし、所有物件の概算価格は算出できます。式は、「満室家賃収入÷エリアの〝相場の利回り〟(=キャップレート)」です。債務超過にならないよう、参考にしてください。

以上、売却時の価格について、3つの考え方を説明しましたが、どれが正しいというものではなく、それぞれにニーズがあるものです。

ただし、物件を購入する際のシミュレーションとして(1)~(3)のうち最低でも、ひとつは該当していないと、出口が厳しいのは間違いありません。

2つ以上該当するのであれば、何かあったときに、その物件を切り離すことができるので、安心感は、比較的高いといえるでしょう。

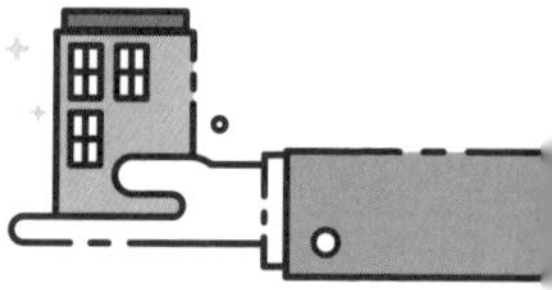

最良と最悪のシナリオを持つ市場価格と物件残債の動き

しかしながら、購入時点できちんと物件を選択することができれば、怖くはないのです。借入金利が高い場合は、残債が減るスピードが緩やかになりますが、それでもたいてい市場価格が下がるスピードより残債が減るスピードのほうが速いのです。

最初によほど高値で購入しない限り、そう簡単に債務超過にはなりませんし、いつでも売却できる状態をキープできるのが、不動産投資の魅力でもあるのです。

実際の事例で見てみましょう。次ページのグラフは、会員のひとりが、三重県で購入した物件です。**築30年で、購入価格は1億5200万円。市場価格は1億7000万円という物件でした。市場価格の「最良のシナリオ」と「最悪のシナリオ」は、大きな差はないという判断です。**

三重県の物件の市場価格と残債の動き

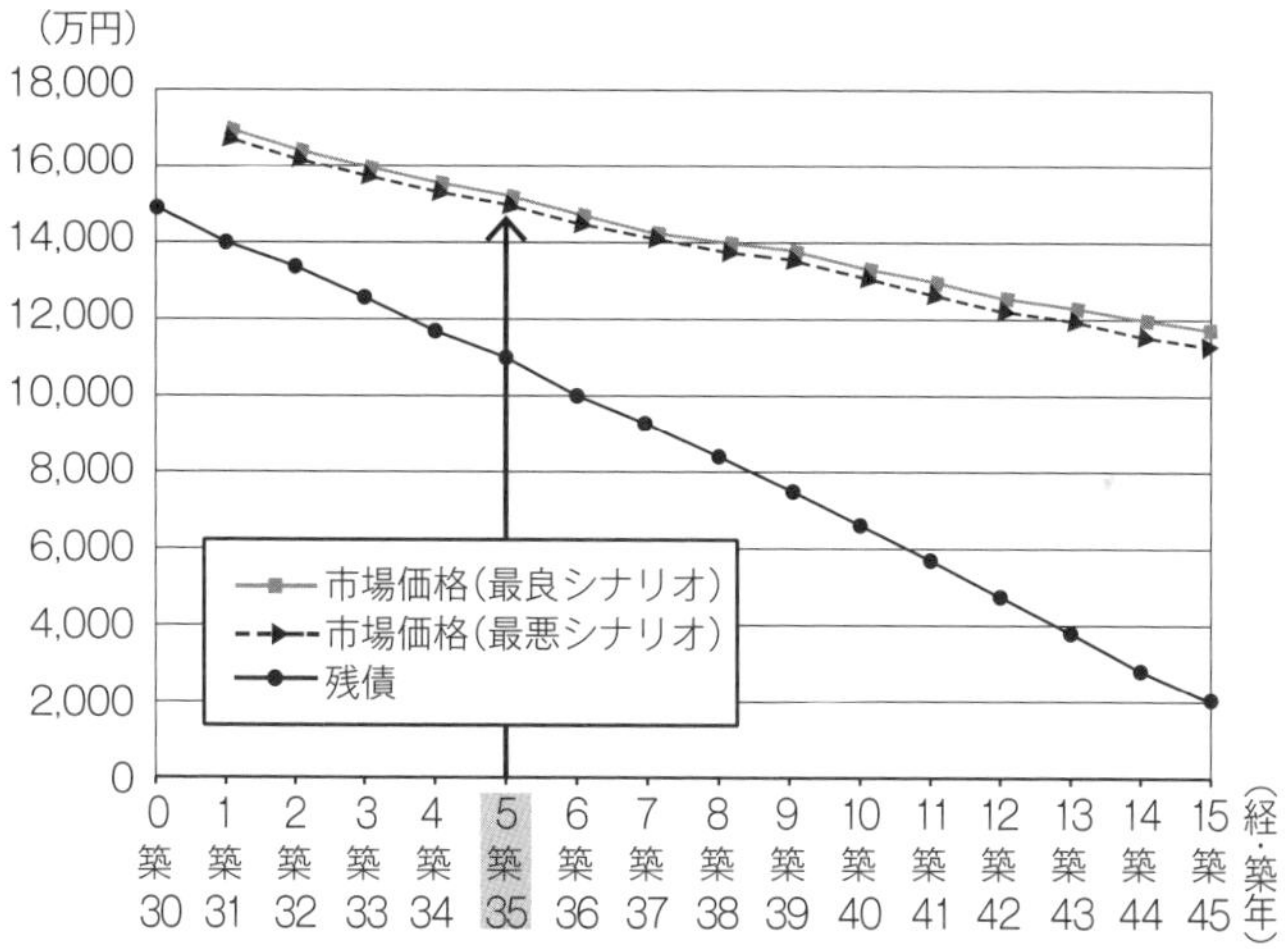

物件のリスクとしては、多少、突発的に修繕費が掛かることとありましたが、順調に満室経営ができたケースです。

５年持った時点で、売却すると仮定すると、物件の市場価格は最良のシナリオどおりですから、売却益は、

１億５２００万円－１億１０００万＝４２００万円。

正確には、手数料や税金などの経費が引かれるので、手元に残るのは３０００万円程度となります。

この３０００万円を元手にして、「ＲＣ（鉄筋コンクリート）造」物件をフルローンで購入するとします。

３０００万円は、購入経費、物件価格の

市場価格を上回る物件の市場価格と残債の動き

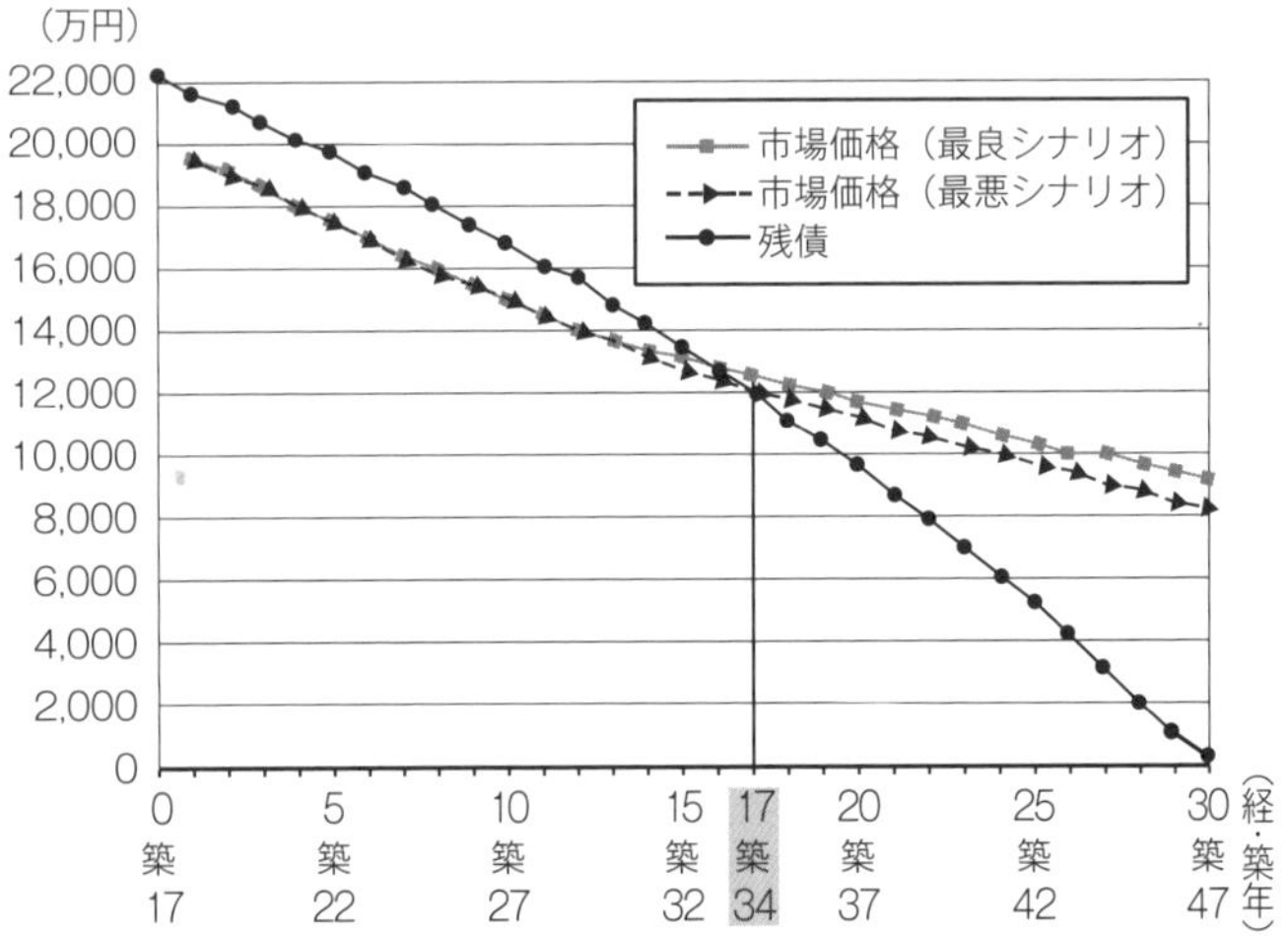

6%だと仮定すると、なんと5億円の物件を購入できる計算になるのです。

ちなみに、上のグラフは、市場価格より高値で購入してしまった悪い例です。

融資期間は30年ですが、市場価格を残債が上回っています。

ただ、キャッシュフローが出ている限り、物件は持ち続けることが可能です。だとすれば、**17年目には残債と物件の市場価格が同程度の額となり、それ以降は、残債が減り続けるので、売却益が期待できるかたちになるのです。**

つまり、高値で購入してしまった場合でも、持ち続けることで、リスクは回避できることがあるのです。

第4章

「融資」はフルローンを狙え！

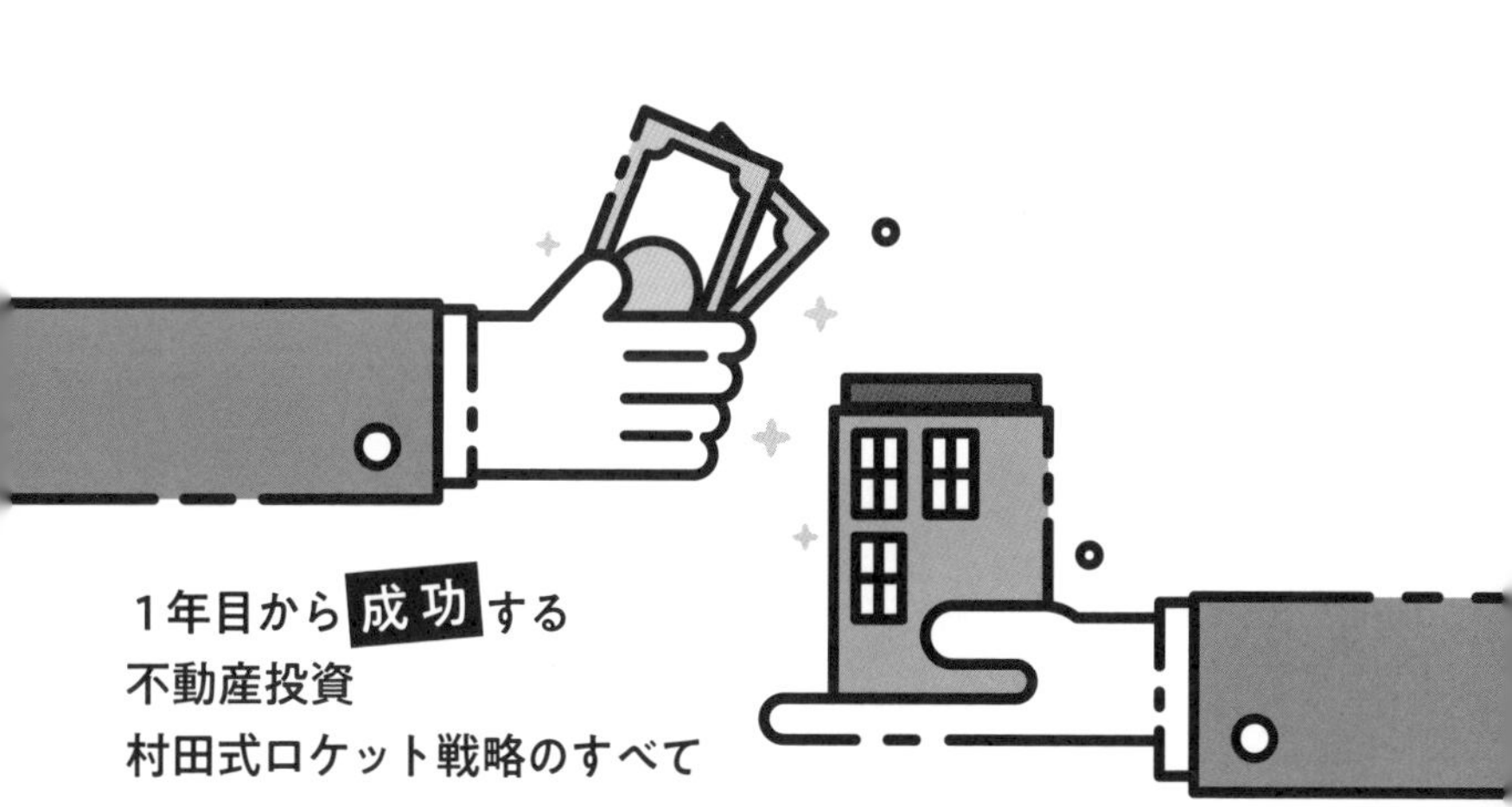

1年目から成功する
不動産投資
村田式ロケット戦略のすべて

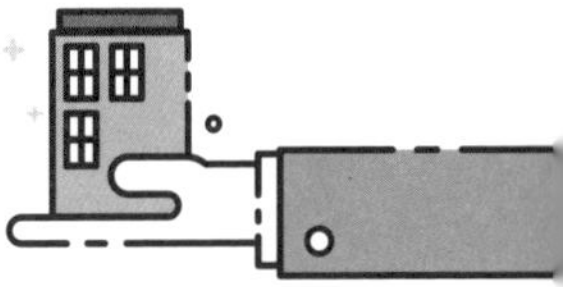

資金回収の速さを示す、「ROI」という計算式

『村田式ロケット戦略』が、億単位の「RC（鉄筋コンクリート）造」物件を購入する理由は、もう、おわかりいただけたと思います。

次にすべきことは、億単位の融資を受けることです。

融資に関してお話しする前に、不動産投資の効率について、お話ししておきましょう。

不動産投資は、何を基準に経済効率を図るのでしょうか。

〝利回り〟という人も多いかもしれませんが、実は、投資の世界には「ROI」という指標があるのです。

これは、投資をするうえで、大変重要な要素だと考えています。

「ROI」とは、Return On Investment。つまり、「投資に対する利益」という意味合いで、同じようなことを指す言葉では「CCR」（Cash on Cash Return）があります。

最近は、不動産投資家の間でも、この指標について、よく聞くようになったので、ご存じの方もいるでしょう。

計算式は以下のとおりです。

ROI＝利益÷投下資金

ざっくばらんにいえば、投下した資金が1年でどれだけ回収できるか、ということです。

実にシンプルな計算式なのですが、私にとっては、とてもパワフルな計算式であり、知っているのと知らないのでは、大きな差が出ると考えています。

たとえば、次の2つのケースを比べてみましょう。

あなたは、どちらの物件がよいと思いますか？

（1）物件価格1億円。利回り11％。キャッシュフロー300万円。投下資金1500万円。

（2）物件価格1億円。利回り10％。キャッシュフロー200万円。投下資金600万円。

いかがでしょうか。
どちらがいいとは、一概にはいいにくいと思いますが、このような場合、ROIが重要な指針としての役目を果たすと考えます。
特に、潤沢なキャッシュフローを得ることに重点を置いた投資をしている場合は、重視すべきポイントです。

実際に（1）、（2）の物件についてROIを計算してみましょう。

（1）3000÷15000＝20%。
（2）2000÷6000＝33%。

となるのです。

これは、「利回りはよいけれど投下資金が高い」（1）＝（20%）よりも、「利回りは低いけれど投下資金が低い」（2）＝（33％）のほうが、約1・65倍（33÷20＝1・65）速く、キャッシュが増えることを意味するのです。

いい方を変えると、（2）のほうが、1・65倍速く資金を回収することができるということです。

そうなると、そのぶんを速く再投資に回すことができるので、資金の有効活用をすることができます。

つまり、前述の複利効果をより高めることができるのです。

ROIは単純な式かもしれませんが、物件から生まれたキャッシュフローを再投資する場合、この式を念頭に置くのと置かないのでは、長い目で見ると、とても大きな差が出ることになります。

資金を効率よく使って、急成長したいのであれば、この指標は重要です。しっかり覚えて融資を考えましょう。

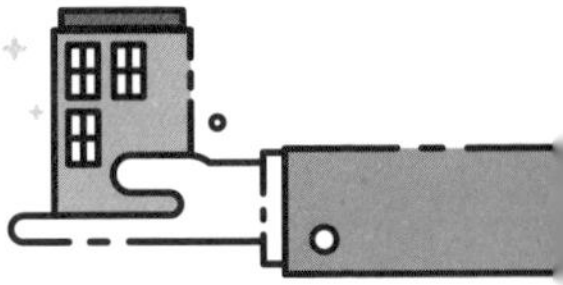

頭金は必要ない!!まずはフルローン以上を狙え!

「RC（鉄筋コンクリート）造」物件を『村田式ロケット戦略』で選ぶ理由は、長期運用が可能な物件だからです。

長期運用の場合は、物件購入は、物件価格すべてをまかなうフルローンを基本に考えます。さらにいえば、修繕の経費も含まれるオーバーローンが理想です。

それを踏まえて、前節の「ROI」を念頭に置きながら、現実的な数字を探ってみましょう。

比較するのは、「フルローン」と「頭金10％」の場合です。

結論から申し上げると、融資が出るならフルローンが断然おすすめです。

フルローンだと「何かあったら、持ち出しになるので怖い」「頭金を入れたほうが安全ではないか？」と不安になる方がいます。

ところが、少々頭金を入れたところで、リスクに対する耐性はさほど大きな違いはないのです。この概念は、今後の投資方針の根幹をなすところなので、わかりやすく事例を挙げて解説します。

まずは前提条件です。

物件価格は、1億円と設定。金利は1.5%。融資期間は30年とします。

フルローンの場合は、借入金額1億円。

頭金10%の場合は、1000万円が頭金で、借入金額は9000万円となります。

では、121ページの概算シミュレーションでキャッシュフローを比較してみましょう。

係数は次のとおりとします。

●見込まれる家賃収入：満室家賃収入×90%

●運営コスト：満室家賃収入×20%（固定資産税などの詳細を含めて、計算を複雑にせ

ず、単純化。20%に固定する）

【概算キャッシュフロー＝年間実質家賃収入－年間経費－年間借入返済】で算出します。

●フルローン

◎物件価格：1億円
◎借入金：1億円
◎金利：1・5%
◎融資期間：30年
◎投下資金：600万円
◎年間満室家賃収入：1000万円
◎年間実質家賃収入：900万円
◎年間経費：200万円
◎年間返済額：414万円
キャッシュフロー＝900万円－200万円－414万円＝286万円

●頭金10％

◎物件価格：1億円
◎借入金：9000万円
◎金利：1.5％
◎融資期間：30年
◎投下資金：1600万円
◎年間満室家賃収入：1000万円
◎年間実質家賃収入：900万円
◎年間経費：200万円
◎年間返済額：373万円
キャッシュフロー＝900万円－200万円－373万円＝327万円

どちらも「余裕」はありますが、頭金を入れたほうが、キャッシュフローは41万円ほど高くなります。

ところが、前述の「ＲＯＩ」を考慮して計算してみると、断然変わってくるのです。

先に解説したとおり、

「ＲＯＩ」＝キャッシュフロー÷投下資金

となります。では、計算してみましょう。

フルローン／「ＲＯＩ」＝286÷600＝47％

頭金10％／「ＲＯＩ」＝327÷1600＝20％

以上のように、「ＲＯＩ」で計算すると、「フルローン」のほうが「頭金10％」よりも、約2・4倍も高いのです。

投下資金回収率が2・4倍違うということは、手元資金が増えるスピードも2・4倍違うということです。

回収した資金を再投資して、複利の効果を狙うのが『村田式ロケット戦略』です。

1棟だけの投資なら問題ないでしょう。しかし、数棟を入手し、投資を展開する場合、回収のペースが遅いと、年数が経てば経つほどその差は広がり、最終的には10倍以上も差が広がることになるのです。

一方、キャッシュフローに注目してみると、先のとおりフルローンの場合は年間２８６万円、頭金10％＝１０００万円の場合は、年間３２７万円。

なんと１０００万円もの頭金を投下したのに、年間たった41万円しかキャッシュフローが増えていないということになるのです。

41万円を〝たった〟ということに抵抗があるかもしれません。

しかし、動かしているのは、１億円の物件です。

キャッシュフローの差が〝たった〟41万円しか増えないのであれば、何かあった場合の耐性に関しても、さほど変わりはありません。

それよりむしろ、頭金にする１０００万円を手元に置いておき、何かあった場合に備えておいたほうが、ずっと賢明ではないでしょうか。

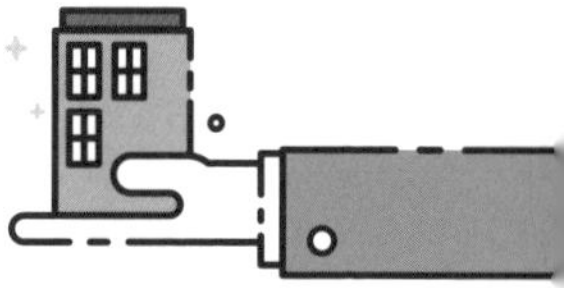

投資の初心者がぶつかる融資という心理的ハードル

さて、フルローンに戦略を定めて、金融機関に融資をお願いすることになりますが、普段銀行に融資を申し込みにいくこと、特に5000万円から億単位の不動産購入のために融資を申し込みにいくなど、まずないと思います。

初めての方には、心理的なハードルがかなり高いかもしれません。

不動産投資家になりたての人々がぶつかるのが、その壁です。その壁を越えるには、まずは銀行とは何かを知る必要があります。

銀行とは、低い金利で預金を集め、高い金利で貸し付けをして、その差額を利益にしています。

しかし、実に薄利だといえます。

銀行との付き合いで考えなければならないのは、そこです。銀行は、きわめて自己防衛本能が強いのです。

たとえば、預金金利が0・5％、貸し出し金利が1・5％だとすると、差は1％です。1％ということは、1000万円を貸し出しして、年間たったの10万円しか利益が出ないということになります。

そのうえ、もしその1000万円が貸し倒れになり、回収不可能になった場合は、100年分以上の利益を失うことになるのです。

消費者金融のなかには15％近い高金利を取っているところがありますから、銀行がいかに安いかわかるでしょう。

人件費も考慮すると、100件に1件の焦げ付きも許されないのが銀行です。

だから銀行は、「金利が低いぶん、貸し倒れの危険性のない優良顧客に貸したい」のです。

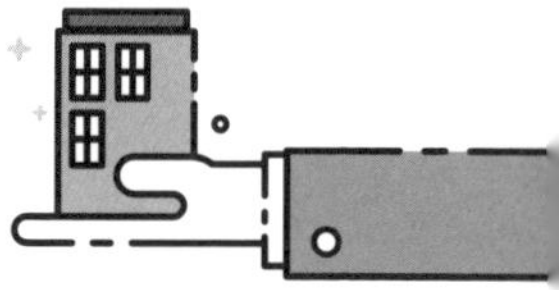

基本中の基本となる心がまえ、融資の３つの原則を知る

これまで記してきたとおり、『村田式ロケット戦略』の場合は、「ＲＣ（鉄筋コンクリート）造」物件に関して、少なくとも５０００万円、できれば億単位の融資を受けようとするものです。

融資を行う銀行側も、かなり慎重にならざるを得ないという現実を踏まえて、銀行が融資をするうえでの、３つの原則を知っておく必要があるでしょう。

この原則は、基本中の基本ですが、３つのうちひとつでも外したら、融資をしてもらうのは難しいと、頭にたたき込んでおきましょう。

（1）資金使途が「不動産投資」であること

銀行はお金を貸すのが仕事です。とはいえ、資金使途が何でもよいわけではないのです。株や外国為替（FX）に投資したいので貸してください、といっても、断られるだけです。

その意味では、個人に対して銀行が唯一といっていいほど積極的に貸し出しを行うのが、不動産投資なのです。

万一貸し倒れになったとしても、銀行は融資の際に担保にした不動産物件を競売にかけるなどして、回収できるという点で、不動産投資は有利なのです。

不動産投資をするあなたも、銀行でお金を借りる側として、有利な立場であること。また、先述したとおり、超低金利政策の渦中、銀行は不動産への融資に積極的であることも認識しておくべきでしょう。

（2）返済可能な計画が練られていること

銀行が貸し出しするときに、まず何を考えるかというと、借り手がきちんと返済ができるかです。

同じ不動産でも住宅ローンであれば、給料などの収入で返済が可能かどうかを判断するのは、ご存じのとおり。

収益不動産への融資の場合は、不動産所得での返済計画がきちんとなされているかどうかが見られます。

(3) 貸し倒れしない担保価値

融資先であるあなたが、万が一返済不能になった際に、担保にしている物件で回収できるかどうかが判断されます。

つまり、融資を受ける時点で、対象となる不動産の担保価値を十分に説明する必要があります。

以上3つが、銀行の融資の原則です。

つまり、絶対に損がないとわかったうえでしか融資をしないのが銀行であるといえるのです。

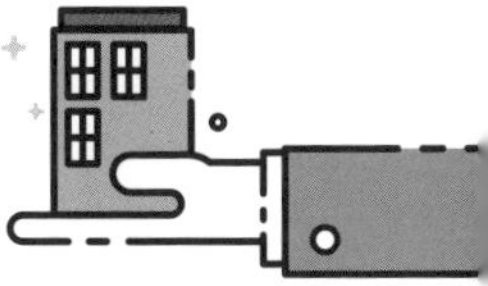

徹底解説！融資を受ける「金融機関」の種類と特徴

銀行をメインに融資を受ける「金融機関」に関して、解説します。

銀行はこれまで、「お金を預けるところ」だった方も少なくないでしょう。

しかし、「お金を借りるところ」として考えると、詳しく知っておく必要があります。

● 都市銀行

都市銀行は、下記４行のことをいいます。

「みずほ銀行」「三菱ＵＦＪ銀行」「三井住友銀行（ＳＭＢＣ）」「りそな銀行」です。

「埼玉りそな銀行」を含むケースもありますが、不動産投資への融資を考えた場合、担当するエリアが狭いので、ここでは除外します。

敷居が高いのは事実ですが、臆することはありません。

このなかで今、不動産投資に比較的前向きなのは、「みずほ銀行」と「りそな銀行」です。

実は、2018年の夏ごろまでは、「三井住友銀行（SMBC）」が非常に積極的に融資をしていて、稼ぎ頭でした。しかしながら、2018年の初めに起きたスルガショックに影響を受け、大幅に縮小してしまいました。

なので、以前ほど都市銀行からの融資を意識しすぎる必要はなくなっています。前述の「みずほ銀行」と「りそな銀行」が貸してくれたらラッキー程度で問題ありません。

ただし、そうはいっても都市銀行ですので、融資条件は、『頭金の額、金利等』に関して、借り手にとって最高といえるほどの有利な条件が出る場合もあります。正直、〝当たって砕けろ〟的な位置づけでいいかと思います。

ちなみに、残りの1行である「三菱UFJ銀行」は、担保評価が辛く、後ろ向きだと考えてよいでしょう。ただ、あなたが土地を持っていて新築マンションを建てようとするのであれば、話は別です。十分な担保があれば、「三菱UFJ銀行」を含む、いずれの銀行も積極的になる可能性大です。

・融資可能額

属性や資産背景にもよりますが、1回の取引で1億円～4億円程度まで可能です。

・融資可能エリア

基本的には、支店があるエリアすべてが対象となります。都市銀行の場合、ほとんどの県に支店があるので、ほぼ全国が融資対象エリアだといえるでしょう。

もしもあなたが、運悪く都市銀行の支店のない県に住んでいたとしてもあきらめることはありません。隣県の支店がカバーしていることもあるので、一度問い合わせてみることをおすすめします。

・金利

さすがに敷居が高いだけのことはあります。審査は厳しいのですが、変動金利では、一番安い金利で融資をしてくれます。

２０２０年８月現在、基準金利は２・４７５％（変動金利）ですが、ここから金利優遇がなされ、なんと１％を大幅に切るような破格の超低金利で融資がでることもあります。

●地方銀行

いわゆる「地銀」と「第二地銀」があります。

「地銀」は「第二地銀」に対して、「第一地銀」と呼ばれることもあります。

「地銀」は現在60行程度ありますが、規模でいうと、「ふくおかフィナンシャルグループ（福岡銀行、熊本銀行、親和銀行、十八銀行）」、「横浜銀行」、「ほくほくフィナンシャルグループ（北陸銀行、北海道銀行）」が大きいでしょう。

「第二地銀」は元をたどれば相互銀行のことで、信用金庫だったところもあります。現在40行程度ですが、双方をふくめて「地銀」と考えてかまいません。

・融資可能金額

2億円程度が上限ですが、借り手の背景（属性という）次第では、3億円以上も可能です。

・不動産投資に比較的積極的な銀行

〈北海道〉

「北海道銀行」、「北洋銀行」、「北陸銀行」。

〈東北〉

「東邦銀行」、「大東銀行」、「秋田銀行」、「北日本銀行」。

〈関東〉

「横浜銀行」、「千葉銀行」、「静岡銀行」、「筑波銀行」、「東日本銀行」、「群馬銀行」、「きらぼし銀行」、「西武信用金庫」、「常陽銀行」。

〈中部〉

「十六銀行」、「第三銀行」、「三重銀行」（第三銀行と三重銀行は2021年合併予定）、「百五銀行」、「大垣共立銀行」。

〈北陸〉

「北陸銀行」、「大光銀行」、「第四銀行」、「北越銀行」。

〈近畿・中国・四国〉

「関西みらい銀行」、「大阪信用金庫」、「播州信用金庫」、「伊予銀行」、「四国銀行」、「山陰合同銀行」、「徳島大正銀行」。

〈九州〉

「福岡銀行」、「西京銀行」、「西日本シティ銀行」、「北九州銀行」、「福岡中央銀行」。

〈全国規模の地銀〉

「スルガ銀行」、「オリックス銀行」、「ＳＢＪ銀行」

・融資可能エリア

基本的に支店があるエリアが対象となります。

融資を受ける人も物件もどこかの支店から車で、1時間以内で行けるところまでが目安です。支店によっては、隣県もカバーしていることもありますから、一度問い合わせてみることをおすすめします。

融資をしてもらう方の近くの支店が、融資担当となるケースが多いでしょう。

・金利

変動金利で、1・5%~2・5%程度です。しかし、「静岡銀行」、「SBJ銀行」、「スルガ銀行」だけは高く、2・5%~4・5%です。

●信用金庫

全国に無数にあり、地域密着型であるため、個人の資質に大きく左右されます。もともと取引があり、信用を得ている人であれば、融資を受けられる可能性は高いでしょう。

・融資可能金額

1億円~2億円程度まで。

・融資可能エリア

信用金庫法で厳密にエリアが限定されており、基本的には少しでもエリア外だと融資対象外となります。しかし、時々裏技的に融資されることもあるので、信用を得ているのであれば聞くだけは聞いてもよいでしょう。

・金利

変動金利で、１・５％～３％程度。しかし、都市銀行並のケースもあります。

●信託銀行

代表的な信託銀行としては、「三菱ＵＦＪ信託銀行」、「みずほ信託銀行」、他に「三井住友信託銀行」、「野村信託銀行」があります。

中古不動産投資に対する融資姿勢は、後ろ向き。頭金30％からのスタートです。

・融資可能金額

２億まで。

・融資可能エリア

基本的には大都市圏のみ。

・金利

変動金利で、２％～３・５％程度。

●商工組合中央金庫

政府系で、法人対象ですが、個人事業主でも可能です。原則決算書が3期分必要。長期融資が出づらいのでキャッシュフローを目的とする『村田式ロケット戦略』では、少々使いづらい印象です。

住居系の賃貸不動産の場合は、物件自体の担保評価よりも、収益が出るかどうかの評価を重視します。なお、支店や担当者によって融資姿勢は非常に大きなバラツキがあります。

・融資可能金額

1億5000万円まで。

・融資可能エリア

全国。

・金利

1.5%〜2.5%。

●日本政策金融公庫（旧国民生活金融公庫）

政府系で、比較的短期の融資になるので、キャッシュフローは出にくいのですが、リフォームに使う場合の〝無担保融資〟は非常に使い勝手がよく、審査も厳しくないので、おすすめです。

再生系の物件への投資の際には、有力な味方になってくれるでしょう。ちなみに、２０１５年秋ごろから、物件が建築基準法を遵守しているかどうか、シビアに見られるようになりました。融資姿勢は、支店によって大きなバラツキがあります。

・融資可能金額

７２００万円まで。

・融資可能エリア

全国。

・融資期間

最大で20年。法定耐用年数超えなど一切気にせず融資がつくので、築古で高利回りに向いているといえるでしょう。

・金利

全期間固定で、１・５％～２・５％。

●無担保融資

決算書を3期見せることができれば、リフォームローン名義で借入が可能です。借入自体は実に簡単で、リフォームの見積もりを提出するだけです。

・**融資可能金額**

2000万円までは支店決済。借りやすいといえます。

●ノンバンク

不動産投資に使える代表的なノンバンクは、「三井住友トラストL&F（ローン&ファイナンス）」がありますが、そのほかでは、「ABCサニー」、「新生プロパティファイナンス」、「アビック」、「JOY-S」があります。頭金が10～30%必要です。

・**融資可能金額**

3億円程度まで。

・**融資可能エリア**

基本的に都市部のみ。

・**金利**

変動金利で、4%~8%程度。

●保険会社

代表的な例では、「ニッセイ」のアパートローンがあります。土地を持っていて、新築の場合のみ検討可能なので、不動産投資には、あまり使えないでしょう。借り換えもできますが、中古アパートを購入した場合だと難しいといえます。

・**融資可能金額**

上限2億円。借り換えの場合は、残債の分のみ。借り増しは不可能です。

・**融資可能エリア**

全国。

・**融資期間**

借り換えの元の融資残存期間と同一で、延長はできません。

・**金利**

変動金利で1・3%程度です。

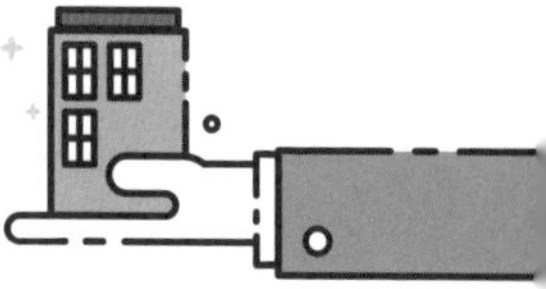

『村田式ロケット戦略』で読み解く、「金利」、「返済期間」、「返済方法」

銀行の融資に関して、知っておかなければならない3つの要素に関して、解説をすることにしましょう。

3つの要素とは、「金利」、「返済期間」、「返済方法」です。

『村田式ロケット戦略』では「返済期間」がもっとも重要ですが、「金利」、「返済方法」に関しても触れておきます。

● 金利

金利には、高い低いではなく、大きく2つのタイプがあります。それは、「固定金利」と「変動金利」です。

不動産投資では、「固定金利」を選択するか、「変動金利」にするか議論になります。これは、金利上昇リスクをどうとらえるかという問題です。

そもそも金利上昇のリスクは、フルローンやオーバーローンで融資を受ける『村田式ロケット戦略』の唯一の弱点であるというのが、私の見解です。これは不動産投資に限らず大きな金額の融資を受けているすべての事業は同様に脆弱です。

不動産投資なら、金利が少々上昇しても耐えうるような資産運用をすべきでしょう。もっといえば、あなたが大幅に金利が上昇すると予想するなら、銀行から借り入れした不動産投資はしないことをおすすめします。

金利が上昇しても変わらない「固定金利」は、金利面でのメリットはありますが、「固定金利」の期間中に物件を売却する場合、高額な違約金が発生するケースがあります。たとえば、1億円の借入に対して、長期の固定期間が残っていた場合、500万円程度の違約金を請求されるケースもあるのです。

興味深いのは、185ページの上表です。『不動産投資で経済的自由を手にする会』で調べたのですが、2020年8月現在、「三井住友銀行（SMBC）」の場合、「変動金利」

より一部の「固定金利」のほうが、年間返済額が低いという特異な状況が生まれているのです。

185ページ下表のとおり、「りそな銀行」の場合は、変動金利がもっとも安く、長期の固定金利になればなれるほど、返済額が高くなります。これが普通の状況です。

このように、時期や銀行によっても違いがあることを意識して、融資を受ける金融機関と相談をしたほうがよいと考えます。

「固定金利」も「変動金利」も一長一短があり、正解はありません。所有物件が増えてきたら、両方を組み合わせるのも良いアイデアだと思います。

それぞれのメリットとデメリットはもちろん、投資家それぞれの財務状況や、考え方を踏まえて、選択することがもっとも有効な手段だと考えます。

なお、『不動産投資で経済的自由を手にする会』の会員のなかには、「三井住友銀行（SMBC）」で、185ページの表の金利から、さらに1〜1・5％ほど金利優遇されている

１億円を 30 年の融資期間で借りた場合の金利別年間返済額

三井住友銀行（SMBC）の金利と年間返済額

	金 利	年間返済額
変動金利	2.475%	473 万円
２年固定金利	2.280%	461 万円
３年固定金利	2.290%	461 万円
５年固定金利	2.320%	463 万円
10 年固定金利	2.450%	471 万円
15 年固定金利	2.620%	482 万円
20 年固定金利	2.670%	485 万円

りそな銀行の金利と年間返済額

	金 利	年間返済額
変動金利	2.475%	473 万円
２年固定金利	3.000%	506 万円
３年固定金利	3.000%	506 万円
５年固定金利	3.050%	509 万円
10 年固定金利	3.300%	526 万円
15 年固定金利	3.700%	552 万円
20 年固定金利	4.250%	590 万円

『不動産投資で経済的自由を手にする会』の調べによる

方が多くいます。

これもまた、『不動産投資で経済的自由を手にする会』の実績です。

このような超優遇金利を活用できるのは、収益不動産を数多く持とうと戦略を練る不動産投資家にとって、とても大きなチャンスだと思います。

●期間

融資期間は、先にも述べたとおり、物件の法定耐用年数内で、最長に設定します。

融資期間は短いほどよい、と考えている人も少ないと思いますが、次のケースで比較をしてみましょう。

①借入1億円　金利2.0％　返済期間20年
②借入1億円　金利1.5％　返済期間20年
③借入1億円　金利2.0％　返済期間30年

①に対し、②は金利が0.5％安くなっています。③は、①に対して、融資期間が10年

1億円借り入れした場合の年間返済金額

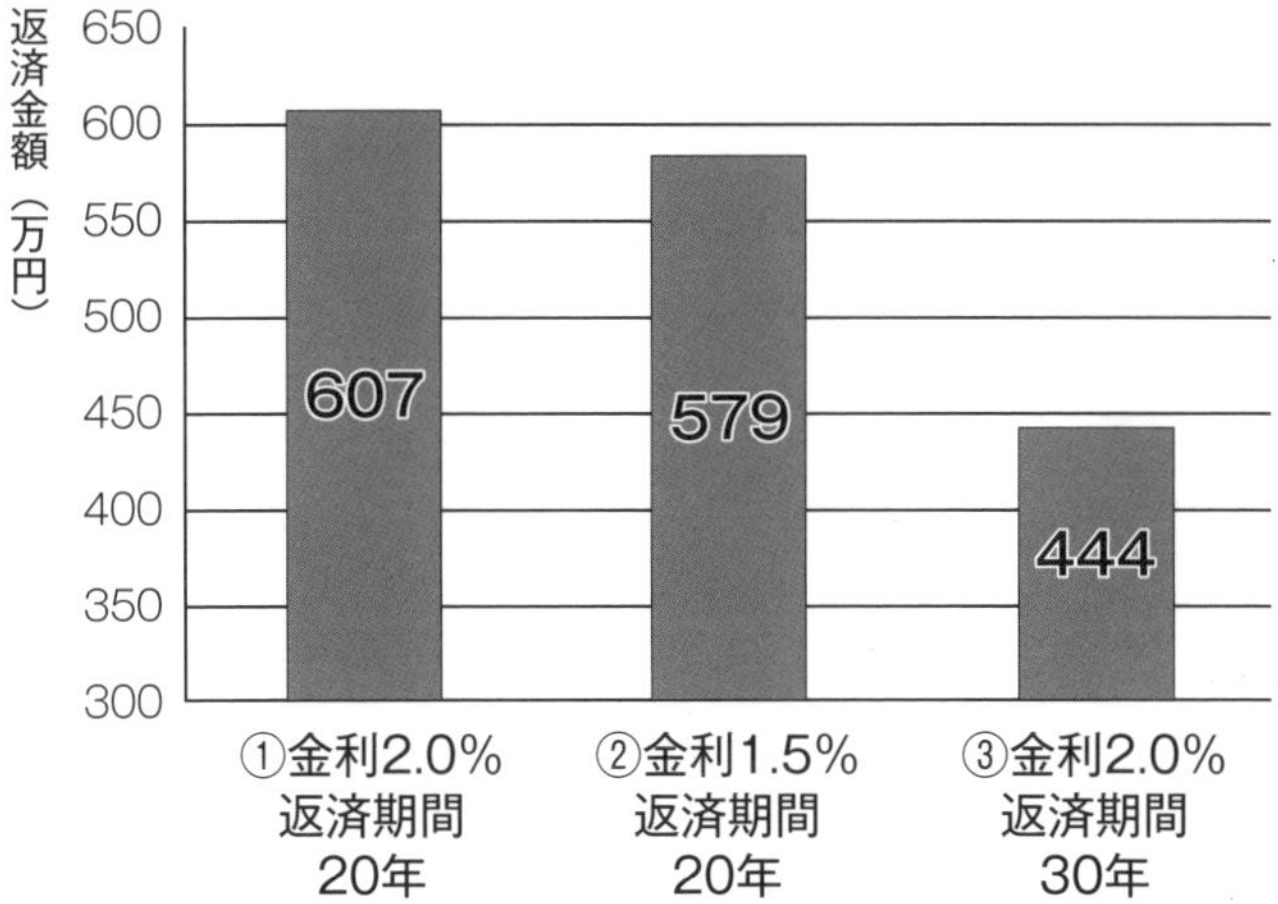

長くなっています。

年間返済金額を比較してみると、上のグラフのとおりになります。

①は年間６０７万円、②は５７９万円、③は４４４万円です。

このことからわかるように、金利が０・５%下がったとしても返済金額が28万円しか下がらないのですが、返済期間が10年延びれば、１６３万円も下がるのです。

つまり、年間の経費としての持ち出しで、１６３万円もの差があるのは、キャッシュフローにおいて、非常に効果が大きいといえるでしょう。

年間の家賃収入のトータルが、

1000万円程度と仮定すると、①、②は税金、経費を差し引くと恐らくキャッシュフローでは赤字です。それに対して、③はきちんとキャッシュフローを生む。

これは、「マンション自身が働いて、返済して、なおかつ現金が残る」ことを意味します。『村田式ロケット戦略』の目的は、いうまでもなくキャッシュフローです。キャッシュフローを徹底的に求めて、投資計画を組むことに意味があるのです。

トータルの返済額では、利息のロスがありますが、そのロスは経費で落とせるので、潤沢なキャッシュフローを得ることができるのです。

キャッシュフローは、自己資金の回収にも生かされますし、返済不能に陥る破綻状態への危険性も飛躍的に低くなります。一種の保険だと考えてもよいでしょう。

デメリットは、先ほど挙げた利息のロスだけなのです。

●〈「元利均等返済」と「元金均等返済」〉

不動産投資で銀行から融資を受けることを考えた際、**「元利均等返済」**と**「元金均等返済」**のどちらがよいかを考えることが、返済に関するひとつのポイントになります。

「元利均等返済」は、返済額が一定で、利子と元金の割合が変わる返済方法。「元金均等

図1：元利均等返済のしくみ

返済額が一定で、利息と元金の割合が変わる

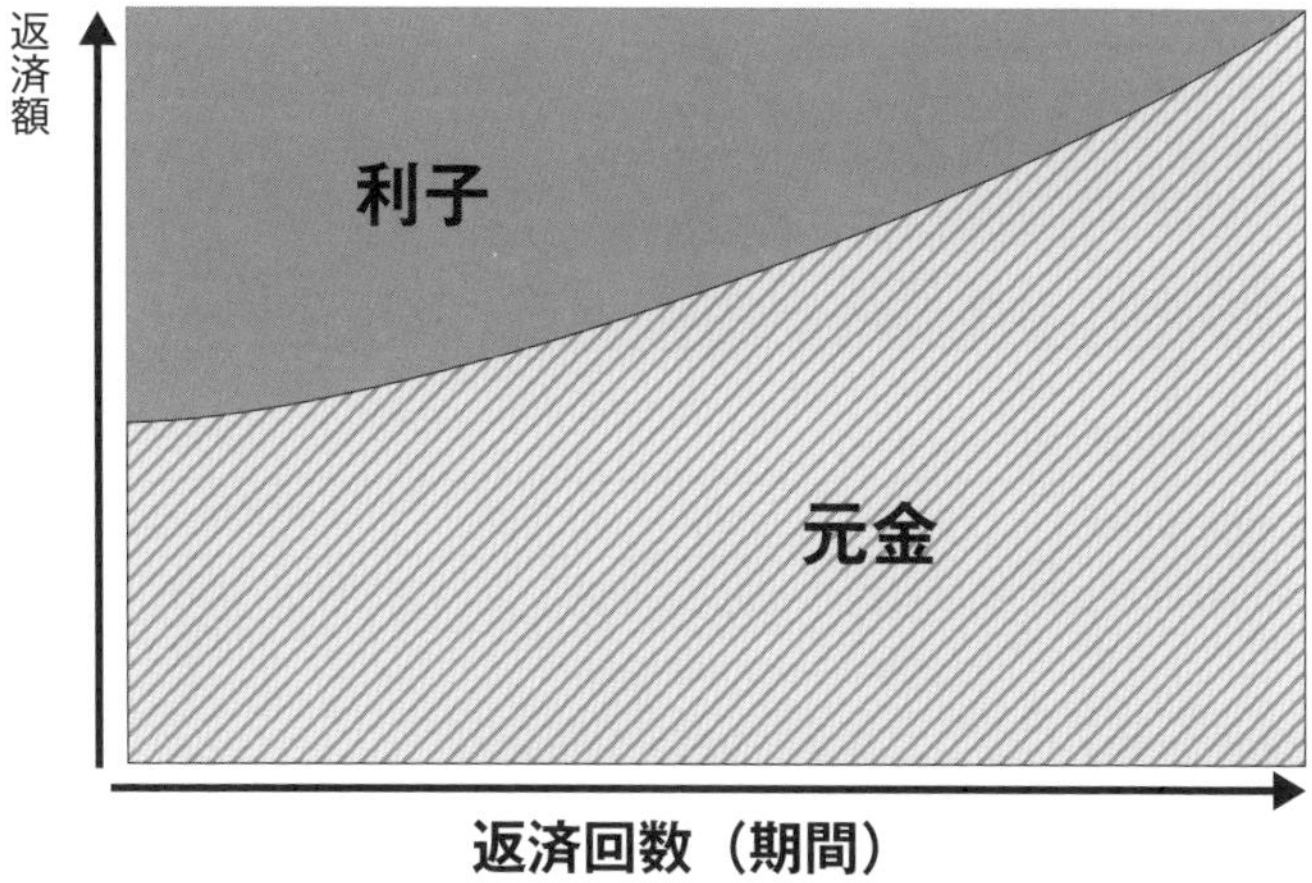

図2：元金均等返済のしくみ

元金が一定で、返済額が徐々に減る

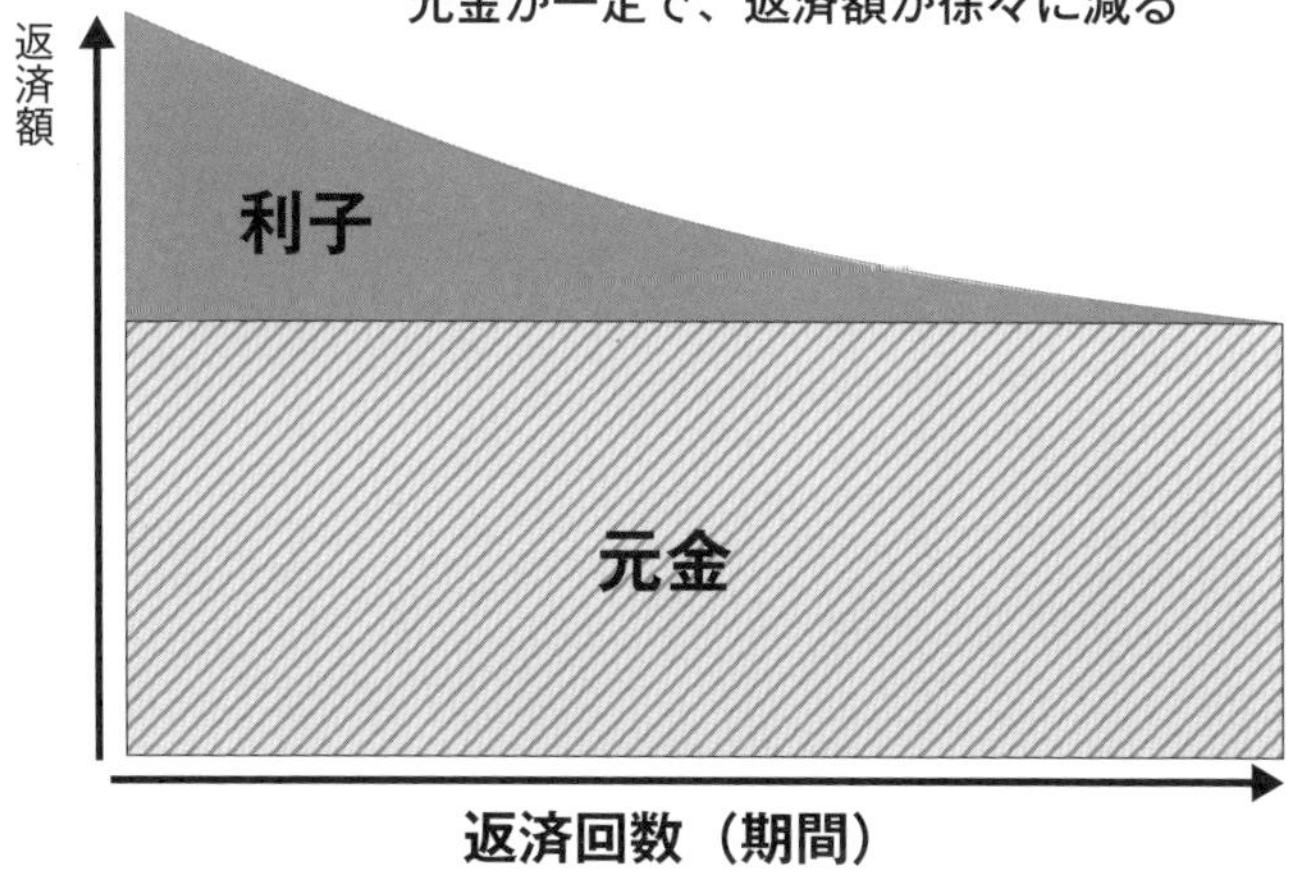

【借入金額１億円、金利 1.5%、返済期間 30 年】の返済の差額

【元利均等返済】

返済回数	1回	120回（10年）	240回（20年）	360回（30年）
元本累計	220,120円	28,479,226円	61,564,267円	100,000,000円
利子累計	125,000円	12,935,174円	21,264,533円	24,243,200円
支払い総額	**345,120円**	**41,414,400円**	**82,828,800円**	**124,243,200円**

【元金均等返済】

返済回数	1回	120回（10年）	240回（20年）	360回（30年）
元本累計	277,778円	33,333,360円	66,666,720円	100,000,000円
利子累計	125,000円	12,520,833円	20,041,667円	22,562,500円
支払い総額	**402,778円**	**45,854,193円**	**86,708,387円**	**122,562,500円**

☆支払い総額は20年目まで［元利均等返済］の方が少ない！

返済」は、返済する元金を一定にすることで、返済額が徐々に減るという返済方法です。

どちらかを選ぼうとするときに、銀行の資料などで、189ページのイメージグラフを見たことのある方は、少なくないでしょう。

図1の「元利均等返済」は、返済額は常に一定ですが、元金がなかなか減らないイメージ、図2の「元金均等返済」は、月々の返済額はもちろん、元金もコンスタントに減っているイメージを受ける方が多いようです。

ところが実際は、大きな差は出ないので

す。

190ページの表を見てください。

「元利均等返済」と「元金均等返済」に関して、10年、20年、30年の時点の、「元本累計」と「利子累計」と「支払い総額」、それぞれの数字を置きました。

「支払い総額」で確認してください。

「支払い総額」で見ると、20年目でもまだ「元利均等返済」のほうが少ないのです。30年の完済時点での支払総額は、「元利均等返済」のほうが、**168万円ほど多くなりますが**、この168万円の差は、30年間で余分に支払った金利です。

果たして高いのでしょうか。

168万円を30年でわると月々4667円になります。それに対して、1回目の支払額は、6万円弱も違います。それはすなわち、キャッシュの差です。

キャッシュフロー優先という考え方からすれば、「元利均等返済」という答えが導き出されるのです。

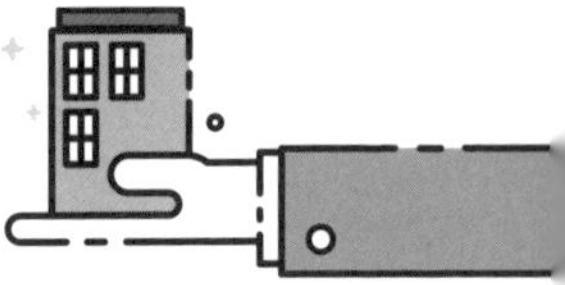

「属性」を確認しよう！銀行から見たあなたとは？

さて、銀行に関して、「雨が降っているときには傘を貸してくれず、晴れのときには傘を借りて欲しいとやって来る」という揶揄《やゆ》があることをご存じでしょうか。薄利という銀行の特性を考えた場合、文句をいっても始まらないような言葉です。

要するに銀行は、安全な融資先へ貸し付けをしたいのです。

その意味で大切なのが**「属性」**という言葉です。

「属性」とは、簡単にいうと「返済という観点から見たあなたの信用」です。貸したお金を返せる人間かどうかということです。

別の見方をすると、借入返済ができなくなった場合、物件を競売にかけるなどしても、資金を回収できない危険性があるかどうかの判断ともいえます。

「属性」に不安のある場合は、地方銀行のほうが、融資が通る可能性が高いでしょう。物件の担保価値を高く評価してくれるからです。「属性」がよい場合は、積極的に収益還元を重視する都市銀行を活用することをおすすめします。

なお銀行は、過去の決算書が赤字の人には基本的に融資しません。節税のしすぎには注意が必要です。

では、銀行がポイントとする「属性」を個別に解説しましょう。

属性① 金融資産

いわずもがな、多ければ多いほど、属性が高いといえます。金融資産に含まれるものは、次のとおりです。

預金、債権、株式、投資信託、外貨預金、ゴルフ会員権（有名どころのみ）、生命保険解約金、自宅（建物：固定資産税評価額、土地：路線価×面積）、その他不動産（各銀行の規定に則った物件評価額）。

残念ながら自家用車、海外に所有する資産（預金、不動産など）は、基本的に換金性が低いとして含まれません。また、退職金も含まれることはありません。

ちなみに、金融資産をたくさん見せると、頭金を多く要求されるので、少なめに見積もって申告をしたほうがよいという話もありますが、私の経験でいえば、それは間違いです。

銀行の立場になって考えてみると、銀行は返済不能に陥りにくい、「属性」が良好な人に、なるべくたくさん貸したいものです。

金融資産が1000万円の人に1億円を貸すよりも、金融資産が1億円の人に1億円を貸すほうが、誰の目にも安全なのは明らかだからです。

融資額は、金融資産を多く見せたほうが伸びる。また、金利優遇もしてもらえるので、ぜひ資産の棚卸しをして、極力多くの金融資産を見せましょう。

属性❷ 年収

多ければ多いほどよいのは当たり前ですが、**地方銀行であれば、年収500万円程度から良好な「属性」のテーブルにのることが多いといえるでしょう。**

都市銀行の場合は、おおよそ年収８００万円からがよい「属性」として認識されます。

会社経営者、自営業者の場合は、３期連続で会社利益と自身の給料を合わせて、年収最低１０００万円以上がベスト。１５００万円以上であれば、安心できる「属性」とされるでしょう。

多くの銀行は、妻の収入は、夫婦の収入として合算できます。

もし合算できない場合でも、プラス要素として見てもらえます。

属性❸ 年齢

50歳以下が望ましいでしょう。借入返済完了が、80歳を超えることができないケースが多いので、つまり、55歳の人は最長融資期間が25年になると考えられます。

ただし、連帯保証人のどちらか若い年齢で考えるので、本人が55歳でも奥様が50歳なら、最長融資期間は30年となります。

属性❹ 扶養家族

扶養家族が多い方は、年収が高い「属性」が望まれます。生活コストと年収のバランスも「属性」を評価するひとつの指標です。

ざっくりとした計算ですが、生活コストを1人100万円とし、さらに住宅ローンなどの返済を足したのが、〝家庭コスト〟となります。

〝家庭コスト〟より収入の方が多くないと属性評価としてNGとなってしまいます。

※自分、妻、子供3人の5人家族、住宅ローン年間100万円の場合。

100万円×5名＝500万円。プラス住宅ローン100万円。合計600万円が家庭コストとなる

属性❺ 自宅の価値

持ち家の場合、住宅ローンが残っていてもかまいませんが、あまりに多くの借入があると、「属性」として融資が不可となる可能性が高くなります。

金融資産などほかの資産でカバーできれば問題ありませんが、住宅ローンの目安として年収の5倍以上の残債がある方は、要注意の「属性」とみなされると考えてください。

借入のない自宅を所有しているのが一番よい「属性」となります。

また、借入のない実家が近くにあって、将来は戻る予定だという方は、「属性」に関して問題ないでしょう。

属性❻ 保証人

不動産投資の場合、保証人は基本的には、妻となります。

妻が専業主婦で収入がゼロでもかまいません。なぜなら、夫に万が一なにかあった場合、事業継承をするのが誰なのかを、はっきりさせる意味合いが大きいからです。つまり妻の「属性」は、特に求められません。

もしも妻の承諾が得られない場合は、地方銀行だと原則、融資不可。可能な場合でも、銀行の融資額が1行あたり、1億円までと制限される場合が多いでしょう。

独身の場合は連帯保証人がいないので「属性」は低く評価され、融資の上限は1億円までというケースがほとんどとなります。融資不可の可能性もありますので、ご注意ください。

属性⑦ 保有物件

すでに物件を保有している場合は、各銀行が独自の基準で再評価し直して「属性」に加えます。

そこで、毀損している場合は、保有資産でカバーできないと、最悪は融資不可となってしまいます。考え方は、新規物件と同じです。

まず担保価値が、残債と比べて大きいかどうかという問題になります。大きければ問題ありませんが、もし小さくても、そのぶんをカバーできる金融資産があれば、融資を受けることは可能でしょう。

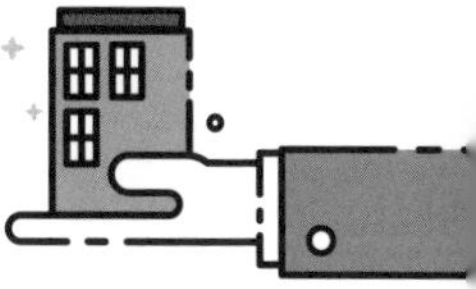

融資の前にやっておく、「銀行ヒアリング」

実際に融資を申し込む前に、「銀行ヒアリング」をしておくことを『村田式ロケット戦略』では、おすすめしています。

物件に応じて、融資の可能性が高い銀行を自分の足で確認し、対応を知っておくことを「銀行ヒアリング」と呼びます。

最近は、買い付けが殺到するような人気物件の場合、融資が確定した者勝ちとなるケースがとても多いのです。

そのため、物件が見つかった後に銀行を探すのではなく、物件を探し始めるのと同時に、融資可能な銀行をチェックしておくことが必要です。

「銀行ヒアリング」は、次の段取りで進行します。

（1）銀行のリストアップ

まず近隣の銀行、金融機関をすべてチェックします。

都市銀行、地方銀行を含めて、インターネットで検索してもいいし、タウンページで探してもよいので、融資申し込みが可能と思われるすべての本店、支店をリストアップしてください。

支店の選び方は、自宅または、勤務先に近い場所というのが原則です。

なお、本店や支店のなかでも、できるだけ大きな支店のほうが、融資に積極的で経験豊富なことを意識して、優先順位もつけてください。

（2）物件を用意する

自分が購入したいと思っている物件に近いものをインターネットなどで検索し、物件情報を用意します。

本当に融資を申し込むわけではないので、正確なものでなくてもかまいません。

（3）心構え

あくまでヒアリングは、「事業パートナーになってもらえるかどうか」というとらえ方で、お願いするのがよいでしょう。

（4）電話でのヒアリング

優先順位の高いほうの銀行から、電話で申し入れをします。□はチェックリストとしてお使いください。

1. 銀行に電話をし、「融資担当者」に電話をつないでもらう。
2. 自己紹介をする。
□住所。
□職業。
3. 融資の依頼をするうえで、融資の方針を聞きたいことを告げる。
□融資対象は、中古の「RC（鉄筋コンクリート）造」の賃貸マンションです。

1棟丸ごと買いたいのですが。

□物件の価格は、●億で、場所は●●です。

□まずは、お電話で恐縮ですが、御行の融資方針を聞きたいのですが、よろしいでしょうか。

4.「3」に対する了承の返事を受けて、融資の申し込みに関する相談をする。

□新規の不動産投資への融資は、OKですか?

□融資可能エリアをお教えください。

□中古の「RC(鉄筋コンクリート)造」物件ですが、融資期間は、法定耐用年数47年から経過年数を引いたかたちで大丈夫ですか?

□融資の上限金額はありますか?

□頭金は、物件次第では、ゼロでもOKですか?

□金利は、何%になりますか?

5.以上の聞き取りができた時点で、お礼をいって電話を切る。

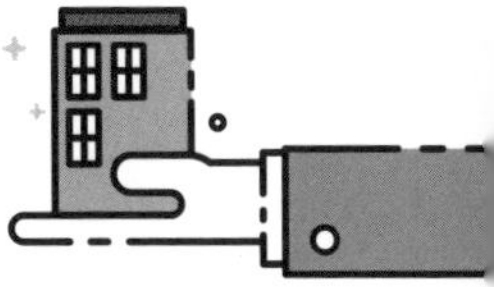

融資審査のスケジュール＆勝つ！必要書類の「融資セット」

さて、「銀行ヒアリング」で、融資の申し込みが可能な銀行がわかったら、物件購入に応じて銀行で融資審査を受けることになります。

まずは、不動産購入と融資のおおよそのスケジュールを押さえておきましょう。都市銀行、地方銀行を問わず、次の段取りと日数で進んでいきます。

①買い付け申し込み

不動産業者への物件買い付けの申し込みです。

②売買商談成立

不動産業者との売買商談が一番手で成立した状態をいいます。

③融資申し込み

銀行への融資申し込みです。

④売買契約

不動産業者との売買契約の成立です。

⑤面談（ない場合もあります）

銀行の融資担当者との面談です。

⑥融資確定

売買契約を受けて、融資が確定します。

⑦金銭消費契約

銀行との融資契約の確定です。

⑧決済（実行）

銀行から融資が決済されます。

融資には、思ったより時間がかかると思っておいてください。「融資申し込み」から「融資確定」まで、だいたい1カ月～1カ月半ほどかかります。

融資審査のスケジュール感

①買い付け申し込み
↓ 約１日
②売買商談成立
↓ 約１日
③融資申し込み
↓ 7～10日
④売買契約
↓ 2～3週間
⑤面談（ない場合もあります）
↓ 1～2週間
⑥融資確定
↓ 3～7週間
⑦金銭消費契約
↓ 3～5週間
⑧決済（実行）

ここで、重要なものが、**「融資セット」**です。「融資セット」とは、融資申し込みの際に必要な書類を指します。

５０００万円から1億円の融資を依頼するのですから、有力な「ＲＣ（鉄筋コンクリート）造」物件が見つかったら、すぐに融資に動けるように、念には念を入れた「融資セット」を準備しておく必要があります。

最近では、『村田式ロケット戦略』のようにＢ級物件を狙う人も少なくありません。「これは！」という物件が売りに出た際は、できる限り迅速に融資を決めることが必要です。ぐずぐずして融資が確定しないと売買契約が流れて、結果、別の人の手に渡り、儲かる物件を買い逃がしてしまうこともあるのです。

物件が見つかったら、銀行に、必要なすべての書類、資料を揃えた「融資セット」を一発で提出するのが、融資を有利にするコツです。銀行から、足りない資料を何度も要求されるようでは、あなたの優先順位は低くなってしまいます。

特に、多くの融資先を抱える優秀な銀行マンは多忙を極めています。すぐに具体的な融資案件として取りかかれない申し込みは、うず高く積まれた「保留」案件のなかに眠ってしまうのです。

優先順位は、すぐに取りかかれる案件のほうが高くなるのは、道理です。「融資セット」は、いつでもさっと提出できるよう数セットをコピーして、用意しておくべきものだと考えます。

次に挙げるのが、「融資セット」の必要書類です。チェックリストにもなっていますので、確認しながら準備しておいてください。

①経歴・所得書

□ 本人経歴。

□保証人〈妻〉の経歴。
□家族構成。
□扶養家族の氏名、生年月日一覧（できる限り詳細を記したほうが、銀行の印象が高まります）
□所得。
□法人の場合は、法人決算書。

◎自営業者の場合のポイント

自分で事業を興している場合（サラリーマンの副業の場合も必要です）、アピールポイントとして、補足的に詳細に記す必要があるのが、次の項目です。
□学歴。
□自社の優位性。（製品の競争力、立地条件、技術、設備、独自性、シェアなど）
□資格。
□売り上げ、利益。
安定して事業が行われていて、事業は安泰だということを銀行サイドに理解してもらうことが、最大の目的です。決算書の内容が良好な場合は、本経歴書で、少々オーバーな表現があっても問題ないので、遠慮せずに強気に書くのがコツです。

決算書において、売り上げが一時的に下がった、借入が増えたなどのマイナス要因が記されている場合も、本経歴書がモノをいいます。

「売り上げ、利益」の欄に、売り上げ下降の理由、増加した借入金によって使った売り上げ上昇のための戦略などを、市場分析を踏まえて、詳細に記しておけばよいでしょう。

②保有資産一覧表

□すべての資産を記載（多いほど、銀行の印象がよくなります）。
□わかりやすいよう、ナンバーをつける。
□名義人、種類（定期預金、株など）、預け先、金額の詳細を記入。

記載のポイント

保有資産のなかでも金融資産は、とても重要視されます。あなたが銀行の立場になって考えてみれば、すぐにわかるでしょう。

融資希望額が5000万円として、金融資産が500万円の人と1億円の人を比べると、1億円の人のほうが、融資を受けやすいのは自明です。

であるからこそ、できる限りかき集めて、金融資産があるように見せたほうが、がぜん担当者はやる気になるのです。

たとえば、親に関して、次のような戦略が取れます。

両親が健在で、持ち家に住み、借入がなく、また、田畑や土地、駐車場やアパートを所有している場合、将来あなたが相続するかたちにして、資産一覧に含めてしまう。これは、よく使われるテクニックです。

私が相談に乗った投資家の卵のなかには、実際この手段で、金融機関から一度、融資不可の回答が来た案件が、逆転で、融資承認を得た事例もあります。

また、両親から相続でもらえる資産があるなら、いまもらってしまう、もしくは借りるのも、有効な手です。

③保有資産エビデンス（写し）

□預金通帳の場合、口座番号と氏名が写っていること。
例1）預金通帳表紙＋明細最終ページ。

例2）ゆうちょ銀行の場合は、裏表紙＋明細最終ページ（表紙には、口座番号が記載されていないため）。
□株式の場合、明細が必要、氏名が写っていること。
□保険証書の場合、氏名が写っていること。
□分かりやすいよう、保有資産一覧表の番号を付けること。
□借入があれば、返済予定表。
□運転免許証（コピー）。
□健康保険証（コピー）。
□源泉徴収票3期分（写し）。
□決算書3期分（写し、事業主の場合のみ）。
※損益計算書（P／L）、貸借対照表（B／S）だけでなく、減価償却費や勘定科目の明細も必要です。
□確定申告書3期分（写し、確定申告をしている場合のみ）。

※確定申告書は、受付印のあるもののコピーを使用。次の２点でも代用は可能です。
（１）所得証明：市役所で入手可能。
（２）納税証明：税務署で入手可能。
□借家や社宅の場合の家賃は、賃料を記載。〈連帯保証人で必要な書面〉
□運転免許証（写し）。
□健康保険証（写し）。
□源泉徴収票３期分（写し、ある場合のみ）。
□確定申告書３期分（写し、ある場合のみ）。〈連帯保証人が、物件を所有している場合〉
□保有物件の一覧表。
□物件概要書。
□家賃明細、契約年月日。
□各戸の専有面積一覧表。
□直近の「固定資産公課証明書」。
□返済予定表。
□登記簿謄本。

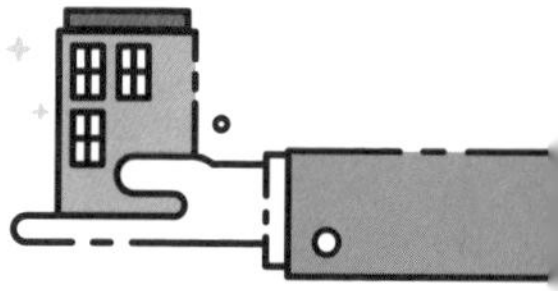

融資の「罠」にもなりかねない借入する銀行の順番

さて、銀行での融資に関しては、注意すべき点があります。

私は、「罠」と呼んでいますが。あなたには、その罠にはまらずに、最短距離で駆け抜けていただきたいと思っています。

「罠」とは、融資を受ける銀行の順番にこだわり過ぎることです。

順番にこだわりすぎると、アフターコロナのような格安の優良物件が出てくる局面において、判断を誤る恐れが高いのです。その結果、購入すべき物件を逃してしまったりして、成長スピードが大きく違ってくるのです。

実は、1棟のみ、5000万円~1億円の融資を受けるのなら、なんとかして借り入れすることができます。特に属性がいい方はその傾向が強いです。本人の信用で借り入れができてしまうのです。

しかし、その上にいこうと思ったら、融資や物件に関する知識と計算が必要です。

『村田式ロケット戦略』は、2棟目、3棟目を購入し、家賃収入年間1億円を超える大家、〝ワンベスター〟を目標にする不動産投資です。それは、プロの投資家です。

そのためには、特に1棟目の借り入れが重要で、どんな物件を購入し、どの銀行からどんな融資を受けたかで、今後が決まってしまうといっても、過言ではありません。

冒頭でも述べましたが、私はその罠にはまり込んでしまい、大変な苦労をしました。こればかりは、なかなかリカバリーが効かないので、注意をしてほしいと思います。

さて、では具体的にどう融資を引きながら拡大していくかをシミュレーションしてみましょう。家賃収入年間1億円を突破するためには、10億以上の投資規模となりますが、中間目標として5億円の投資で3棟の物件を購入するとします。

その3棟の購入に関して、同じ銀行からの融資は難しいので、別々の銀行から融資を受けることが必要になります。少なくとも2行は必要です。

同一銀行では、5億円もの融資と連続購入は基本的に難しい場合が多いのです。

融資した銀行は、「きちんと滞りなく返済しているか」、「融資した物件がきちんと運営できているか」「キャッシュフローがしっかりでているか」など、決算書を見て判断したいからで、数年の信用が必要です。

その意味で、最初にあなたが考えるべき銀行は、都市銀行になります。都市銀行の項目でも書きましたが、まずは「みずほ銀行」と「りそな銀行」の融資を一番に考えてみましょう。

融資を受けることができれば理想的な展開になります。

ただし、くり返しになりますが、あくまでも融資を受けることができたらラッキーという程度に考えておきましょう。地方銀行や信用金庫と比べると、積極性に欠けるのです。ウォーミングアップ程度にとらえて、融資打診してみましょう。

次に申し込むのは、地方銀行と信用金庫です。どちらかというと、ここがメインとなります。

東京在住で地方銀行を探してみると、すぐに千葉銀行、横浜銀行、東日本銀行、静岡銀行、関西みらい銀行が挙がります。信用金庫も数多くあります。

地方在住の方も同様に、地元の地方銀行や信用金庫で、融資を引っ張ります。

ご自身の事業で地方銀行や信用金庫にメインバンクがある方は、まずそこで、融資の相談をしてみるといいでしょう。すでに取引がある時点で、信用が積み上がっているので、大きな味方になってくれるケースも多いのです。

数棟の収益不動産物件を、地方銀行や信用金庫で借り入れし、その後、都市銀行からの借り入れでさらに物件を増やせるという可能性は、少なくない話です。

アフターコロナで重要なことは、スピード感です。いい物件が出てくる局面なのです。ここで、都市銀行からの融資にこだわってしまうと、地方銀行や信用金庫からの借り入れで購入できるタイミングを逃してしまう。それは、プロの不動産投資家としては、非常にもったいないのではないでしょうか。

臨機応変に、適正な物件を迷わず購入していくことこそが、優先されるのです。

不動産投資の窓口を法人化するのもいい戦略です。規模が大きくなった場合は、税との戦いにもなるのです。

局面に応じて、都市銀行、地方銀行、信用金庫を使い分け、プロの不動産投資家として次々と資産を増やしていく。これが、『村田式ロケット戦略』の醍醐味だといえるでしょう。

最後に、『村田式ロケット戦略』で家賃収入1億円を超える〝ワンベスター〟が続々と生まれている理由をお伝えして、終わりにしたいと思います。

『不動産投資で経済的自由を手にする会』には、現在約250名の現役不動産投資家の会員が、全国各地にいます。

年齢も幅広く、20代から60代まで、サラリーマンや士業、経営者など職業もさまざまです。当然、育ってきた環境、資産背景、地域性もまったく異なる方ばかりです。

そんな彼らは、『不動産投資で経済的自由を手にする会』で『村田式ロケット戦略』に共感し、日本中で実践してきました。

すると、全員同じ方法で実践するのですが、たった1年で家賃収入が1億を超える、とてつもなく成功する人と、なかなか結果に繋がらない人が生まれたのです。私としては想定外の出来事でした。

その都度、分析を行い、投資方針や手法など細かい点をブラッシュアップし続け、サポートしている会員の結果が出るよう改善を重ねてきました。

そうするうちに、エリアや職業、資産背景などが違ったとしても、同じような結果が出る共通項が浮かび上がってきたのです。


入会される方のなかには、すでに自分なりの考えや、他の投資法を学び、不動産を所有している方も少なからずいらっしゃいます。

しかし、所有した物件が伸び悩んでしまう原因になるケースが、実はかなりあるのです。銀行からの評価が悪く、結果的に融資不可の判定を受けてしまうのです。

このような状況に陥った方の場合は、所有物件を売却し、一旦リセットしてもらいます。


すると、面白いように、銀行から借り入れができるようになり、成長を始めます。しかも、成長が止まらなくなったりします。

理由は、物件目線ではなく、銀行目線にシフトしたからではないかと思うのです。

『村田式ロケット戦略』は、銀行目線で作られています。その結果、会員全体の投資規模は1100億円。所有戸数は2万2000戸を超え、毎月増え続けています。1人当たりで換算すると、所有棟数は5・1棟、投資額は4億3000万円、所有戸数は89戸、年間家賃収入は5800万円となります。

不動産投資は、とても大きな金額が動く投資です。ひとつのミスが取り返しのつかない状況に繋がります。特に1棟目が大事で、2棟目、3棟目に繋がるのか、それとも大失敗のきっかけになるのかの分岐点でもあります。

もちろん1棟目を選び損なうと、全く違う人生が待っています。

ぜひ、本書の『村田式ロケット戦略』を活かして、銀行目線で「一年目から成功する不動産投資」を実践していただきたいと思っています。それが成功への近道だと私は信じています。私にできたのですから、あなたにもできるはずです。

そして〝ワンベスター〟となり、経済的自由を手に入れてほしいと心から願います。

おわりに

私は不動産投資を始めて16年になります。『不動産投資で経済的自由を手にする会』を立ち上げてからは約12年。ふと気がつくと、私が不動産物件で手にしている年間家賃収入は、4億円を超えていました。

私の不動産投資家としての手法は、管理されず荒れた物件を購入、再生し、適正な家賃で賃貸市場に出すことです。それは、地域貢献にもつながるので、私を知る旧知の不動産業者さんは、格好の物件を見つけたら、まず、最初に声をかけてくれるようになりました。

今は、物件と融資が向こうからやってくる状態ですが、年間家賃収入が1億円を突破するまでの4～5年間は、物件選びと融資戦略にかなり頭をつかいました。もったいないけれど縁がなかったとあきらめることも多くあったのです。

私の物件情報ネットワークは、今や『不動産投資で経済的自由を手にする会』として全国規模に広がり、融資情報とともに会員間でシェアできています。新人会員でも安心して不動産投資家としてデビューできているのは、このネットワークのお陰だと思います。

実はこのような形になったのには、ちょっとした裏話があります。

会を立ち上げた当時の私には、格安物件が全国から集まっていました。それこそ、物件転売に移行すれば、かなりの利益が出ることがわかっていました。しかし私は、そうしませんでした。物件の購入、再生、適正な家賃での提供こそが、私の不動産投資家としての立ち位置だと考えたからです。

念のためお伝えしますが、物件を安く仕入れて高値で転売するビジネスは、違法ではないですし、否定するつもりもありません。正当な商取引です。しかし中には、不動産投資のプロが、素人同然の投資家を翻弄するような形で、高額物件を売るケースもある。私自身にその意図がなくても、明らかに信念には反するビジネスだったのです。

その選択は、別の形で、何よりも得がたい成功をもたらします。

それは「会員の成功」と「関係者全員の幸せ」。加えて、良心がとがめず、隠し事もない、本当にリラックスした「心の成功」です。

私は、２００９年に『不動産投資で経済的自由を手にする会』を立ち上げ、素人同然の方に対しても、不動産の見極め方を教え、物件購入や融資の方法を伝えることにしました。もちろん購入後は、転売ではなくどうやって保有し運営するかを教えました。

会の方針は、ズバリ「自分が入りたい会にする」でした。

私に届いた優良物件が買えない場合は会員にすすめました。すると、会員からも買えなかった優良物件情報がシェアされて、良い循環が始まります。

私の信念に共感し、私の仕事を手伝いたいという方も出てきて『不動産投資で経済的自由を手にする会』のトレーナーとなりました。私は、「自分が入りたい会にする」ために、トレーナーたちが、安心し納得して働けるように、そして、関わるすべての人が公平になるような仕組みを構築しました。その仕組みによって、物件、融資、ノウハウの情報が、加速度的に集まるようになったのです。

私は、『不動産投資で経済的自由を手にする会』に、年間家賃収入1億円を超える〝ワンベスター〟が次々と生まれた背景には、「信念に反するビジネスはしない」という気持ちへの共感と「自分が入りたい会にする」という運営方法が影響している気がします。結果、会員全員が、物件と融資、経営ノウハウの情報を持ち寄り、シェアする環境を作りだしている。つまり、『不動産投資で経済的自由を手にする会』の会員同士、不動産投資家としてより高いポジションに上がれるよう全員で支え合っているといえるでしょう。

私には娘が3人いますが、彼女たちに、仕事内容、収入、支出、仕組みなど、すべて胸を張ってオープンにできるのが誇りです。

私の生活は、コンサルティングの仕事や所有不動産の運営に忙殺されているわけではありません。趣味の山登りやトライアスロン、旅行を中心に回っているといっても過言ではないでしょう。ほぼ毎日、ジム、ランニング、山登りのトレーニングを行い、毎年5~7回ほど海外旅行にもいきます。その源泉は、私が持つ収益不動産です。

本書では『村田式ロケット戦略』の1棟目の購入術に関して記しました。何度もくり返しましたが、その1棟目は、2棟目、3棟目の足がかりになるもの。『村田式ロケット戦略』は、1棟目をレバレッジにして、次々と不動産物件を得てゆくことが、ポイントです。

あなたにも、きっとできるはずです。まず、1棟目を手にしてください。難しくはありません。不労所得化した収入が入り続けることになったら、どのようなことをしたいか、ぜひ、具体的にイメージしてください。可能性は、無限大に広がっています。

本書が、あなたが、不動産投資で経済的自由を手にするために役立つことを心より祈っています

【感謝】２０２０年８月　『不動産投資で経済的自由を手にする会』代表

村田幸紀

〈著者略歴〉

不動産投資で経済的自由を手にする会 代表

村田幸紀（むらたこうき）

株式会社 ADVANCE　代表取締役

三重県出身。1970 年生まれ。
トヨタ系部品メーカーに勤めながら、2004 年から「経済的自由を手にすること」を夢見て、不動産投資を開始。しかし物件購入後、入居者が全員退去するなどして破綻の危機に瀕し、甘い世界ではないことを身をもって知る。その苦い経験を活かし、2006 年にハイレバレッジ大型「RC（鉄筋コンクリート）造」物件へ、投資方法を方針転換。融資を受ける術を突き詰め、物件価格の全額を銀行融資でまかなったうえ、潤沢なキャッシュフローを生み出す物件を見極めて、複数棟を取得する方法を確立。その後、11 カ月で総資産 4 億 9000 万円の収益不動産を購入。年間家賃収入 6200 万円を達成するなどし、不動産投資コンサルタントとして独立。『不動産投資で経済的自由を手にする会』を主宰する。
過去の融資付け実績は 1100 億円以上。物件購入に成功したクライアント数は 200 名以上。全会員が所得する物件数は 2 万 2000 戸に上る。自身としては、2020 年 8 月現在、22 棟 584 戸を所有。総資産 40 億円(現在価値)、家賃収入年間 4 億円超(満室時)、銀行への返済は、年間 1 億 6000 万円未満。返済比率は 39%である。趣味は山登り、トライアスロン。

○不動産投資で経済的自由を手にする会
ホームページ　https://www.keizaitekijiyu.jp
お問い合わせ先　info@keizaitekijiyu.jp

☆著者による相談窓口であり、株式会社 YUKAZE では、一切対応できません。

著者による購入者限定無料Skype相談のお知らせ

本書を購入した方であれば、『不動産投資で経済的自由を手にする会』のコンサルタントが、親身になってご相談をお受けします。

『不動産投資で経済的自由を手にする会』のコンサルタントは、『村田式ロケット戦略』で成功し、かつまた、『村田式ロケット戦略』を熟知した者がつとめています。

無料 Skype 相談の申しこみはコチラ
https://www.keizaitekijiyu.jp/2muryosodan.html
＊下記のクーポン番号をご入力ください。
MK434

なお、内容によっては、ご相談に乗れない場合がありますので、ご了承ください。

スマートフォンの方はこちら▶

改訂版！
１年目から成功する不動産投資
村田式ロケット戦略のすべて

2020 年 9 月 30 日 第 1 刷発行

著　者　　　村田幸紀
発行人　　　谷　正風
発行所　　　株式会社 YUKAZE
〒901-1302 沖縄県島尻郡与那原町上与那原39-1
電話 : 098-944-1251
H P : https://yukaze.co.jp
印刷・製本　株式会社サンニチ印刷

 ISBN978-4-908552-34-2